GRAMMAIRE LATINE

CONTENANT

Vne Methode facile pour Decliner & Coniuguer : auec vne Syntaxe courte, raisonnée familierement.
Et de plus la Coniugaison des Verbes François reguliers & irreguliers.

DEDIEE AV ROY.

Par IEAN MESLIER, *cy-deuant Principal du College de Laon à Laon.*

A PARIS,

Chez { FRANÇOIS PELICAN, ruë Sainct Iacques, proche le College des PP. Iesuites.
ET
SEBASTIEN FEVGE, ruë des Amandiers, prés le College des Grassins.

M. DC. XLVII.

AVEC PRIVILEGE DV ROY.

Extraict du Priuilege du Roy.

PAr grace & Priuilege du Roy, donné à Paris le 26. iour de Nouembre 1646. Signé par le Roy en son Conseil, VIGNERON. Il est permis à *Iean Meslier, cy-deuant Principal du College de Laon à Laon*, de faire imprimer, vendre & debiter par tel Imprimeur & Libraire qu'il voudra, vn Liure intitulé *Grammaire Latine, contenant une methode facile pour decliner & coniuguer. Auec une Syntaxe courte & raisonnée familierement. Et de plus la Coniugaison des Verbes François reguliers & irreguliers: auec petites listes de noms plus familiers, par luy composée*: Et ce pendant le temps & espace de sept ans: Et defenses sont faites à tous Imprimeurs & Libraires d'imprimer, vendre & debiter ledit liure sans le consentement dudit Meslier, à peine de mil liures d'amande, despens, dommages & interests, comme plus au long il est porté dans les lettres dudit Priuilege.

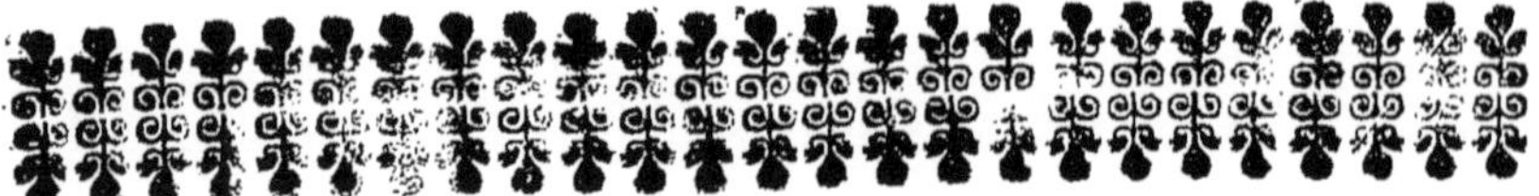

AV ROY.

IRE,

Les choſes grandes dependent toutes des petites. Dieu l'ayant voulu de la ſorte, pour rabaiſser l'orgueil des vnes, & rehauſser la baſſeſſe des autres. Afin que ce iuſte temperament & moderation fuſt comme vn lien d'amitié à toutes les parties de l'Vniuers. Les principes des ſciences ſont de ce genre, SIRE, Ils ſont petits comme graines & ſemences, capables pourtant de produire de grands arbres & de beaux fruicts, eſtant bien cultiuez. Mais le mal eſt, que comme il n'y a ſi petite plante, qui n'ait quelque ver qui la ronge, ou quelque ronce qui l'eſtouffe dés ſa naiſſance. De meſme, il n'y a Principes en toutes les ſciences qui ne ſoient embaraſsés de mille difficultés, qui les rendent odieux & preſque inacceſsibles. I'ay trauaillé à ceux de la langue Latine, pour eſsayer de les faciliter ſelon mon poſsible. C'eſt vn petit ouurage entrepris pour le ſoulagement de la Ieuneſse de voſtre Royaume, qui a ce bon-heur d'eſtre née auec voſtre Maieſté, SIRE, qui croiſt & aduance en âge auec elle, & qui produira dans ſon temps ſes fleurs & ſes fruicts pour la grandeur de voſtre gloire. C'eſt pour cette raiſon que i'oſe le preſenter à V. M. la ſuppliant tres-humblement de le receuoir de bon œil, & d'agreer qu'il voye le iour ſous l'Authorité de ſon Nom. Auſsi vous appartient il de droit, comme eſtant vne production de celuy qui a l'honneur d'eſtre,

SIRE,

De voſtre Maieſté,

Le tres-humble, tres-obeyſſant, & tres-fidele ſubiet & ſeruiteur, I. MESLIER.

PREFACE.

LA Grammaire est vn art qui enseigne à discourir correctement. Le discours qu'on appelle autrement Oraison, est comme vne peinture qui represente les choses qui sont au monde. Figurez-vous que toutes les paroles qui sortent de la bouche, sont autant de tableaux qui expriment ce qui se passe en l'Vniuers Si vous dites par exemple, (Le Soleil enuoye sa lumiere aux hommes,) ces paroles representent, le Soleil, son action, sa lumiere, & les hommes : & ainsi de chaque discours.

Or cõme tout ce qui est au mõde se peut diuiser en deux, sçauoir en Choses & en Actions : Aussi l'Oraison qui en est la peinture se peut diuiser en deux parties principales, c'est à sçauoir en Nom, qui represente les Choses ; & en Verbe qui represente les Actions. Et à ces deux parties se rapportent les six autres qui sont ; Le Pronom, le Participe, l'Aduerbe, la Conionction, la Preposition, & l'Interiection. Entre lesquelles le Pronom estant le plus considerable, i'en traicteray exactement en suite du Nom. Et d'autant que le Nom est ou Substantif ou Adiectif, & le verbe ou regulier ou irregulier: Ie feray en tout, cinq parties de ce petit Traicté, qui seront. La Declinaison du nom Substantif, celle de l'Adiectif, & celle du Pronom: La Coniugaison du Verbe regulier, & la coniugaison du Verbe irregulier. Quant aux cinq parties de l'Oraison qui restent, le peu qu'il y en a à dire, ie le trancheray en suite en vn mot.

Et parce que pour former de ces parties le corps de l'Oraison, il les faut vnir auec ordre, i'adiousteray à cét effect, & pour comble de ce que dessus vn petit abbregé des regles de la Syntaxe.

Mais auant que d'entrer en matiere, souuenez-vous diligemment de l'aduis suiuant, si vous desirez faire profit auec plaisir en vos estudes: Apprenez peu de preceptes à la fois; mais dés que vous les aurez appris, practiquez-en la cognoissance encore toute fraische sur plusieurs exemples.

Et d'autant qu'en ces commencements vous ne les pouuez choisir de vous mesme, ie vous en ay dressé des listes qui vous les fourniront abondamment: Marchez-y selon la conduite des petits aduis que ie mets à la fin de chaque regle.

Sçachez auſſi vne fois pour toutes, que mon deſſein n'eſt pas icy de tout dire; mais ſeulement les regles & les exceptions les plus generales, deſtinant ce petit trauail pour ceux qui commencent, leſquels vne trop grande varieté de choſes accable pluſtoſt qu'elle n'enſeigne.

DECLINAISON DV NOM SVBSTANTIF.

DV NOM FRANCOIS.

ON joint d'ordinaire la Declinaiſon du nom François à celle du Nom Latin, & les fait-on apprendre toutes deux enſemble aux enfans; ce qui les embaraſſe. Ie les ſepare donc pour plus grande netteté, & cōmence par la Françoiſe, laquelle eſt ſi aisée que ie me contenteray pour toutes regles d'en donner deux exemples, ſur le modele deſquels vous declinerez tous les autres. L'vn eſt maſculin, à ſçauoir celuy qui a l'article(*le*) l'autre feminin qui a l'article(*la*); car d'autres genres il n'y en a point en François.

NOM FRANCOIS MASCVLIN.

	Singulier.	*Plurier.*
Nominatif.	le frere,	les freres,
Genitif.	du frere,	des freres,
Datif.	au frere,	aux freres.
Accuſatif, comme le nomin.		
Vocatif, comme le nominatif.		
Ablatif, comme le genit.		

On ſe ſert auſſi de l'article (*de*) au genitif, & de l'article(*a*) au datif, tant au Singulier, comme au Plurier: Exemples, *de mon frere, à mon frere, de mes freres, à mes freres.*

NOM

NOM FRANCOIS FEMININ.

	Singulier.	*Plurier.*
Nominatif.	la ſœur,	les ſœurs,
Genitif.	de la ſœur,	des ſœurs,
Datif.	à la ſœur,	aux ſœurs.
Accuſatif, comme le nomin.		
Vocatif, comme le nom.		
Ablatif, comme le Genitif.		

ADVIS,

Declinez les noms de cette liſte. Les maſculins, ſuiuant le premier exemple: les feminins ſuiuant le ſecond.

LISTE DE NOMS FRANCOIS POVR LES DECLINER.				
le Soleil,	la lumiere	le pain,	le lit,	la plume,
la ville,	le village,	la pomme	la chãbre,	le feu,
le iardin,	la rosée.	la racine,	le fruict,	la fueille.

OBSERVATIONS SVR LES DECLINAISONS Latines.

1. EN toute Declinaiſon le Vocatif eſt touſiours ſemblable au Nominatif horſmis en la ſeconde, où les noms en *us* ont *e* au vocatif.

2. L'Ablatif ſe forme tres-commodement de l'accuſatif, en retranchant ſeulement la lettre *m patrem, patre, diem, die*. Excepté en la ſeconde Declinaiſon, en laquelle outre le retranchement de *l'm*, on ferme encor *l'u* final en *o dominum, domino*.

3. L'accuſatif plurier ſe forme par tout de l'accuſatif ſingulier, changeant ſeulement *m* en *s muſam, muſas*. Excepté encor en la ſeconde Declinaiſon, ou apres auoir changé *m* en *s* on ferme pareillement *u* en *o dominum, dominos*.

4. Le datif & ablatif pluriers ſont par tout ſemblables, & ſe terminent en, *is*, aux deux premieres Declinaiſons, & en *bus* aux trois dernieres.

Il ſuffit en ces commencemens de lire ſimplement ces obſeruations, ſans ſe mettre en peine de les retenir, vous reſeruant à les remarquer tres-diligemment au cours des Declinaiſons.

ADVIS GENERAL

pour les Declinaisons.

1. *Apprenez tres-parfaictement les terminaisons de tous les cas, afin de les auoir en idée, & pour regle en declinant quelque nom.*

2. *Prenez des noms en la liste, & les declinez: Regardant dans vostre liure, & tenant vostre veuë sur lesdites terminaisons, comme sur vn modele & Patron.*

3. *Apres ces essays, declinez de vous mesme & sans liure plusieurs noms de la liste.*

4. *Vous les escrirez tres-exactement, afin que les grauant sur le papier, vous les puissiez grauer aussi plus profondement en vostre memoire.*

Il y a 5. Declinaisons. Les noms de la 1. sont terminez en (A) au nominatif

Singulier.

Nominatif.	a	Menſa.
Genitif.	æ	Menſæ.
Datif.	æ	Menſæ.
Accuſatif.	am	Menſam.
V cōe le nom.		
Ablatif.		Menſa.

Plurier.

Nominatif.	æ	Menſæ.
Genitif.	árũ	Menſarũ.
Datif.	is	Menſis.
Accuſatif.	as	Menſas.
V. cōe le nom.		
A. cōe le dat.		

ADVIS. *Practiquez ce qui vous eſt preſcrit au premier aduis.*

Les noms de la 2. Declinaiſon ſont terminés en us, r, um, *au Nominatif.*

Singulier.

Nominatif.	us, *r, um.*	Dóminus.
Genitif.	i	Dómini.
Datif.	o	Dómino.
Accuſatif.	um	Dóminũ.
V. cõe le nom. toutesfois les nõs en us *ont* e.		Dómine.
Ablatif.		Dómino.

Plurier.

Nominatif.	i	Dómini.
Genitif.	órũ	Dominórũ
Dat*if.*	is	Dóminis.
Accuſatif. V. cõe le nom. Ab. cõe le Dat.	os	Dóminos.

ADVIS. Allez à voſtre liſte, triez, declinez, & eſcriuez des noms de la 2.

C

La 3. Declinaison a presque toute sorte de terminaisons au nom. sing. a, e, d, as, es, &c.

Singulier.

Nominatif.	os, *a, e, d, as, es, &c.*	Flos.
Genitif.	is	Floris.
Datif.	i	Flori.
Accusatif.	em	Florem.
V. cõe le nom.		
Ablatif.		Flore.

Plurier.

Nominatif.	es	Flores.
Genitif.	um	Florum.
Datif.	ibus	Floribus
Accusatif.	es	Flores.
V. cõe le nom.		
A. cõe le dat.		

ADVIS. La 3. est la plus abondante en noms: Practiquez-la d'autantplus diligemment.

La 4. Declinaison n'a qu'vne seule terminaison au nom. sing. asçauoir, Vs.

Singulier.

Nominatif.	us	Manus.
Genitif.	us	Manus.
Datif.	üi	Mánui.
Accusatif.	um	Manum.
Voc. cõe le nom. *Ablatif.*		Manu.

Plurier.

Nominatif.	us	Manus.
Genitif.	üum	Mánuũ.
Datif.	ibus	Mánibus.
Accusatif. *V. cõe le nom.* *Abl. cõe le dat.*	us	Manus.

ADVIS. Allez choisir en vostre liste diuers noms de la 4. Declinaison.

La 5. Declinaiſon n'a qu'vne ſeule terminaiſon au nomin. ſing. à ſçauoir, Es.

Singulier.

Nominatif.	es	Dies.
Genitif.	éi	Diéi,
Datif.	éi	Diéi.
Accuſatif.	em	Diem.
V. cõe le nom.		
Ablatif.		Die.

Plurier.

Nominatif.	es	Dies.
Genitif.	érũ	Diérum.
Datif.	ébus	Diébus.
Accuſat.	es	Dies.
V. cõe le nom.		
Abl. cõe le Dat.		

ADVIS. *Practiquez à l'ordinaire cette 5. ſur pluſieurs exemples de voſtre liſte.*

ADVIS

ADVIS
TOVCHANT LA LISTE SVIVANTE.

LES noms de la premiere page sont rangés selon l'ordre de leur Declinaison pour plus grande facilité.

Ceux de la seconde sont pesle mesle, pour laisser lieu à l'industrie des enfans, & seruir de champ à la dispute.

LISTE DE NOMS POVR

no. *ge.* *ſig.*	Menſa, menſæ, *table.*	dóminus, dómini, *maiſtre.*	flos, floris, *fleur.*	manus, manus, *la main.*	dies, diéi, *iour.*
	herba, herbæ, *herbe.*	lectus, lecti, *vn lit à ſe coucher.*	ſoror, ſoróris, *ſœur.*	luctus, luctus, *dueil: triſteſſe.*	res, rei, *choſe.*
	aqua, aquæ, *eau.*	piger, pigri, *pareſſeux.*	frater, fratris, *frere.*	cantus, cantus, *chant.*	ſpécies, ſpeciéi, *beauté, mine.*
	ſylua, ſyluæ, *bois, foreſt.*	óculus, óculi, *œil.*	pes, pedis, *pied.*	ſónitus, ſónitus, *ſon.*	rábies, rabiéi, *rage.* ſans plurier.
	virga, virgæ, *verge, foüet.*	puer, púeri. *enfant.*	lex, legis, *loix.*	anus, anus, *vne vielle.*	ſéries, feriéi, *ordre, ſuite.* ſans plur.
	luna, lunæ, *la lune.*	vir, viri, *homme.*	lapis, lápidis, *pierre.*	manus, manus, *la main.*	fácies, faciéi, *face.* ſans plur.

PRACTIQVER LES CINQ DECLINAISONS.

Virgo, vírginis, *vierge, fille.*	fructus, fructus, *fruict.*	labor, labóris, *trauail.*	vox, vocis, *voix.*	culter, cultri, *cousteau.*
honor, honóris, *honneur.*	saltus, saltus, *sault.*	laus, laudis, *loüange.*	malus, mali, *meschant.*	pater, patris, *pere.*
vultus, vultus, *visage.*	ludus. ludi, *ieu.*	ripa, ripæ, *riuage.*	mala, malæ, *mauuaise.*	mater, matris, *mere.*
fraus, fraudis, *tromperie.*	somnus, somni, *sommeil.*	princeps, príncipis, *prince.*	potens, poténtis, *puissant.*	ager, agri, *champ.*
gena, genæ, *iouë.*	mos, moris, *coustume.*	ordo, ordinis, *ordre, rang.*	rosa, rosæ, *rose.*	charta, chartæ, *papier.*
panis, panis, *pain.*	spíritus, spíritus, *le souffle, l'esprit.*	satur, sáturi, *saoul.*	ramus, rami, *branche.*	canis, canis, *chien.*

ABBREGE' DES GENRES.

IL y a des exceptions de ces Declinaiſons: mais auant que d'y venir, il eſt beſoin pour les mieux entendre, de vous donner vn abbregé des Genres, Donc.

Les noms d'hommes ſont maſculins: exemples,	Paulus. Pater.
Les noms de femmes ſont feminins: exemples,	Maria. Soror.
Les noms terminez en *um*, ſont neutres: exẽples,	Vinum. Pomum.
Les noms de païs, ville, arbres, ſont feminins: ex.	Fráncia. Roma. Quercus.

Les

Les noms en	o, or, nis, er, os: & vs, *de la 2. ou 4. declinaison sont masc.*	sermo. panis. honor, &c.
	a, do, go, as, es, is, x, io. & s, *si vne consone precede cette s, sont feminins.*	mensa, pars. vestis.
	d, l, u, c, t, en, i, e, ur, ar: & vs, a. *de la 3. declin. sont neutres.*	mel. lac. caput.

ADVIS,

P*Arcourez la liste suiuante, et assignez a chaque nom son genre, et aussi tost la regle, disant par exemple,* flos *est masculin: Les noms en* o, or, nis, , er, os & vs, *de la* 2. *et* 4. *declin. sont masc. Mais auparauant vous deuez sçauoir toutes ces regles sur les bouts des doigts comme l'on dit.*

LISTE DE NOMS POVR

Flos, floris, *fleur.*	gens, gentis, *nation.*	lux, lucis, *lumiere.*	rex, regis, *roy.*	auis, auis, *oiseau.*
munus, múneris, *present, don.*	mos, moris, *coustume.*	pars, partis, *partie.*	littus, líttoris, *riuage.*	rupes, rupis, *rocher.*
frons, frontis, *front.*	lectus, lecti, *vn lict.*	tempus, témporis, *le temps.*	guttur, gútturis, *gosier.*	mel, mellis, *miel.*
opus, óperis, *ouurage.*	crinis, crinis, *cheueux.*	trabs, trabis, *poutre.*	nubes, nubis, *nuée.*	dogma, dógmatis, *doctrine, opiniõ*
vrbs, vrbis, *ville.*	frux, frugis, *blé.*	ſertum, ſerti, *bouquet de fleur.*	amor, amóris, *affectiõ, amour.*	clades, cladis, *meurtre.*
mens, mentis, *la pensee, l'esprit.*	vapor, vapóris, *vapeur, fumee.*	naſus, naſi, *nẽ.*	fides, fídei, *foy, creance.*	ebur, éboris. *yuoire.*

PRACTIQVER LES REGLES DES GENRES.

ſax, facis, *flambeau.*	leo, leónis, *lion.*	panis, panis, *pain.*	virgo, vírginis, *vierge, fille.*	áctio, actiónis, *action.*
aër, aëris, *l'air,* ou volent les oiſeaux.	rete, retis, *rets, filets.*	ouis, ouis, *brebis.*	nix, niuis, *neige.*	grando, grándinis, *greſle.*
vox, vocis, *voix.*	ager, agri, *champ, terre.*	ſermo, ſermónis, *diſcours, propos*	pectus, péctoris, *poitrine.*	óculus, óculi, *œil.*
frons, frondis, *fueille.*	ripa, ripæ, *riuage.*	pomum, pomi, *pomme.*	forámen foráminis *trou.*	ars, artis, *meſtier, art.*
liber, libri, *liure.*	cinis, cíneris, *cendre.*	dígitus, dígiti, *doigt.*	ſcrobs, ſcrobis, *foſſe.*	olus, óleris, *choux, herbe potagere.*
cubíle, cubilis, *lit, couche.*	onus, óneris, *fardeau, faix.*	lingua, linguæ, *langue.*	auris, auris, *oreille.*	veſtis veſtis *habit.*

EXCEPTIONS LES PLVS GENERALES des Declinaisons.

PREMIERE EXCEPTION.

TOut nom neutre a trois cas ſemblables, Nominatif, Accuſatif, Vocatif. Exemple.

	Singulier.	Singulier.
Nomin Voc.	pomum,	tempus,
Genit.	pomi,	témporis.
Datif.	pomo,	témpori,
Accuſ.	pomum.	tempus.

De plus tout nom neutre au plurier ſe termine en *a* en ces meſmes trois cas.

	Plurier.	Plurier.
Nom.Voc.	poma,	témpora.
Genit.	pomórum.	témporum.
Dat.	pomis.	tempóribus.
Acc.	poma.	témpora.

SECONDE EXCEPTION.

Il a eſté dit que l'ablatif de la troiſieſme Declinaiſon ſe termine en *e*, *pater*, *patre*. Toutesfois les noms neutres en *al*, *ar*, *e* font *i* en l'ablatif ſingulier.

Ces meſmes noms neutres en *al*, *ar*, *e*, qui ſelon la regle commune des neutres deuroient auoir ſimplement *a* au nomin. plurier, ont *ia*. Et deuant auoir ſimplement *um* au genit. plur. ſuiuant la regle des noms de la troiſieſme, ont neantmoins *ium*. Exemple.

Nomin.

Singulier.

Nom.	ánimal,	calcar,	ſedile,
Abl.	animáli.	calcári.	ſedíli.

Plurier.

Nom.	animália,	calcária,	ſedília,
Gen.	animálium.	calcárium.	ſedílium.

ADVIS,

Voyez la liſte des Genres, & vous arreſtant ſeulement ſur les noms neutres, declinez les ſuiuant ces deux exceptions.

TROISIESME EXCEPTION.

Le genitif plur. de la troiſieſme ſe termine en (*um*) ſimplement. Toutesfois les noms en *s* qui ne croiſſent pas au genit. ſingul. c'eſt à dire, dont le genit. ſingulier n'a pas plus de ſyllabes que le nominatif, ont (*ium*) au genit. plur. Exemple.

Singulier.

Nom.	rupes.		veſtis.
Gen.	rupis.		veſtis.

Plurier.

Nom.	rupes.		veſtes.
Gen.	rúpium.		véſtium.

QVATRIESME EXCEPTION.

Les noms d'vne ſyllabe terminés en *s* qui ont vne conſone deuant *s* comme *trabs*, *ars* font pareillement (*ium*) au genit. plur. Ex.

Nom ſing.	mons,		pars.
Genit. plur.	móntium.		pártium.

ADVIS.

Voyez encor la liſte des Genres, & y triez et declinez les noms en (s) qui ne croiſſent pas. Et ceux en (s) d'vne ſyllabe, qui ont vne conſone deuant (s.) Et lors que vous viendrez au genit. plur. ſouuenez vous de leur donner (ium.)

DECLINAISON DV NOM ADIECTIF.

SA TERMINAISON AV NOMINATIF.

NOM ſubſtantif eſt celuy qui ſignifie la choſe, comme *manteau, cheual* : *pallium, equus*. Nom adiectif eſt celuy qui ſignifie comment, & de quelle maniere eſt la choſe : *rouge, blanc* : *ruber, albus*.

Tous les adiectifs ont trois genres, maſc. fem. neut. Et ſe peuuent diuiſer en trois claſſes. Ceux de la premiere claſſe ſont terminez les vns en *us*, les autres en *er*. Et ont pour les trois genres trois terminaiſons au nominatif, à ſçauoir,

m.	f.	n.	m.	f.	n.
us,	a,	um.	bonus,	bona,	bonum.
er,	a,	um.	piger,	pigra,	pigrum.

La premiere terminaiſon eſt pour le maſc. la ſeconde pour le femin. la troiſieſme pour le neutre. *Bonus*, eſt maſc. *bona*, fem. *bonum*, neutre.

Ceux de la ſeconde Claſſe ſont terminez, les vns en *is*, les autres en *or*, & n'ont que deux terminaiſons au nominatif, pour les trois genres, à ſçauoir,

m. f.	n.	m. f.	n.
is,	e.	dulcis,	dulce,
or,	us.	mélior,	mélius.

La premiere terminaiſon ſert pour le maſc. & fem. La ſeconde pour le neutre. Et partant du premier exemple le maſc. eſt *dulcis*, le fem. *dulcis*, le neutre *dulce*. Du ſecond le maſculin *melior*, le feminin *melior*, le neutre *melius*. De ſorte qu'en ces adiectifs le maſc. & le fem. ne ſont en rien differens, non ſeulement au nominatif, mais auſſi au genitif & autres cas.

Ceux de la troiſieſme claſſe ſont terminez les vns en *x*, les autres en *ns*, & n'ont qu'vne terminaiſon pour tous les trois genres.

m. f. n.	m. f. n.
x.	fœlix.
ns.	amans.

Si bien que le maſc. du premier exemple eſt *fœlix*, le fem. *fœlix*, le neutre, *fœlix*. Du ſecond le maſc. *amans*, le fem. *amans*, le neutre *amans*.

Il y a d'autres adiectifs terminez en *ps*, *rs*, *l*. &c. Mais ils ſont rares. Et vous ne deuez pas vous en mettre en peine. Ils n'ont qu'vne terminaiſon pour les trois genres, comme ceux en *x* & *ns*, & ſuiuent leur Declinaiſon en tous leurs cas. Pour voir tout d'vne œillade, en voicy le

SOMMAIRE.

La terminaison des adiectifs au nominatif singulier.					
us,a,ũ.	bonus,a,ũ.	is, e.	dulcis, e.	x.	fœlix.
er,a, ũ.	piger, a, ũ,	or,us.	mélior,us	ns.	amans.

ADVIS.

VOUS trouuez en la liste suiuante des Adiectifs pesle mesle. Prenez les chacun à part, & en donnez le masc. le femin. le neutre. Trouuant par exemple niger, vous direz niger est le masc. nigra le femin. nigrum le neutre. Et ainsi des autres.

Mais pour former le feminin des noms en er, considerez d'abord le genitif. Autrement vous pourriez manquer. Trouuant piger, pigri, ce genitif vous portera à dire piger,pigra,pigrum, & non pas piger, pigera, pigerum.

LISTE

LISTE DE TOVTE SORTE D'ADIECTIFS, POVR EN DONNER,

Le masculin, le feminin, le neutre.

albus,	niger,	ſupérior,	inférior,	imperans,	ſeruiens,
albi,	nigri,	ſuperióris,	inferióris,	imperãtis,	ſeruiéntis,
blanc.	*noir.*	*ſuperieur, plus haut*	*inferieur, plus bas.*	*commandant*	*ſeruant,*
miſer,	beátus,	trux,	mitis,	vrbánus,	rúſticus,
míſeri,	beáti,	trucis,	mitis,	vrbáni,	rúſtici,
miſerable.	*heureux.*	*cruel.*	*doux, benin.*	*ciuil, courtois.*	*ruſtique, groſſier.*
bonus,	malus,	fœlix,	infoélix,	mollis,	durus,
boni,	mali,	fœlícis,	infœlícis,	mollis,	duri,
bon.	*meſchant.*	*heureux.*	*malheureux.*	*mol.*	*dur.*
pulcher,	defórmis,	ferox,	manſuétus,	audax,	tímidus,
pulchri,	defórmis,	ferócis,	manſuéti,	audácis,	tímidi,
beau.	*laid*	*farouche.*	*doux, humain.*	*hardi.*	*timide.*
mélior,	peior,	laudans,	vitúperans	crudus,	coctus,
melióris,	peiôris,	laudántis,	vituperãtis	crudi,	cocti.
meilleur.	*pire.*	*loüant.*	*blaſmant.*	*cru.*	*cuit.*
cantans,	plorans,	maior,	minor,	lætus,	triſtis,
cantántis,	plorántis,	maióris,	minóris,	læti,	triſtis,
chantant.	*pleurant.*	*plus grand.*	*moindre.*	*ioyeux.*	*triſte.*

LES TERMINAISONS DES ADIECTIFS EN us, & er,

Au genitif & autres cas.

LEs Adiectifs en *us*, & en *er*, aiant au nominatif,

us	a	um	bonus,	a,	ũ,
er	a	um	piger,	a,	ũ,

Se declinent au genitif, & aux autres cas comme,

Dóminus, mensa, pomum.

Si bien que le premier exemple fait.

	m	f	n
n.	bonus,	bona,	bonum,
g.	boni,	bonæ,	boni,
d.	bono &c.	bonæ &c.	bono, &c.

ADVIS,

CHoisissez en la mesme liste les seuls Adiectifs en us, *&* en er. *Donnez-en le masculin, & le declinez à part, disant par ex.* niger, nigri, nigro, &c. *Puis le fem. puis le neut.*

LA TERMINAISON DES ADIECTIFS EN

is, or, x, ns,

au genitif & autres cas.

LE masculin le feminin & neutre de tous ces Adiectifs ont au genitif mesme terminaison, à sçauoir *is*: au dat. *i*, &c. suiuant la troisiesme declinaison. Exemples.

	m f n.	m. f. n	m.f. n.	m.f. n.
no.	dulcis, dulce.	maior, maius.	fœlix,	amans,
ge.	dulcis,	maióris,	fœlícis,	amántis,
da.	dulci,	maióri,	fœlíci,	amánti,
ac.	dulcem, dulce.	maiórẽ, maius.	fœlicem, fœlix.	amãtem, amans.

ADVIS,

P*Renez dans la liste les seuls Adiectifs en* is, or, x, ns, *donnez en le masc à part, & le declinez puis le fem. puis le neutre. Par exemple trouuant* mélior, *vous direz son masculin est* mélior, *genit.* melióris, *dat.* melióri, &c. *son feminin* mélior *g.* melióris, *d.* melióri, &c. *son neutre* melius, *g.* melióris, &c.

Mais en sorte que vous n'alliez que iusqu'à l'ablatif sing. pource qu'il y a quelques exceptions à vous faire sçauoir auparauant.

CAS OV LES ADIECTIFS TERMINEZ EN

is, or, x, ns,

sont exceptés.

PVisque les Adiectifs en *is*, *or*, *x*, *ns*, suiuent la troisiesme declinaison, ils deuroient auoir tous en l'ablatif sing. *e* seulement: Neantmoins ceux en *or*, *x*, *ns*, ont *e* & *i*. Et ceux en *is*, seulement *i*.

Les neutres des mesmes Adiectifs deuroient tous auoir au nominat. plur. *a*, simplement. Mais ceux des Adiect. en *is*, *x*, *ns*, ont *ia*, & ceux des Adiectifs en *or*, ont *ra*. Les mesmes Adiectifs tant masculins, feminins, que neutres, deuroient tous auoir au genit. plurier *um*, simplement. Mais ceux en *is*, *x*, *ns*, ont *ium*, & ceux en *or*, ont *rum*,

SOMMAIRE.

1.	Tous ont en l'ablat. singulier	e, ou i.	Sinon ceux en *is* qui ont seulement.	i.
2.	Tous ont au neutre plurier.	ia.	Sinon ceux en *or* qui ont.	ra.
3.	Tous ont au genitif plurier.	iũ.	Sinon encor ceux en *or* qui ont.	rũ.

EXEMPLES.

Singulier.

Abl.	dulci,	maióre, *ou* maióri.	fœlíce, *ou* fœlíci,	amánte, *ou* amánti,

Plurier.

No.	dulces, dúlcia.	maióres, maióra.	fœlíces, fœlícia.	amãtes, amántia.
Ge.	dúlcium,	maiórum,	fœlícium,	amántium,
Da.	dúlcibus.	maióribus,	fœlícibus,	amántibus,
Ac.	dulces dúlcia,	maióres, maióra.	fœlíces fœlícia,	amãtes, amántia,

ADVIS,

Choisissez en la liste les Adiectifs en x, *&* ns *seulement. Prenez le masculin à part, & le declinez & escriuez. Puis le feminin, puis le neutre.*

Cela fait prenez ceux en is, *& en* or, *& declinez & escriuez le masc. fem. neutre, tous à part.*

PRONOMS LATINS.

PRonom est comme si vous disiez, Pour-nom. Et est ainsi appellé pource que en l'absence du nom, le Pronom fait l'office du nom, & est comme son Vicaire ou Lieutenant. Par exemple au lieu de dire. *Pierre estudie*, vous dites, *il estudie*, *tu estudies*, *iceluy estudie*. Où par ces Pronoms, *il*, *tu*, *iceluy*, vous entendez parler de Pierre.

PRONOMS PRIMITIFS, & leur Declinaison.

Les Pronoms primitifs estant les premiers de tous, sont appellés primitifs. Ils sont trois.

ego.	moy *ou* ie.
tu.	toy *ou* tu.
sui.	de soy *ou* de luy.

Ils ont tous trois semblables terminaisons en tous leurs cas: Pource qui en sçait vn, sçait les autres : sinon que *sui*, se decline au plurier comme au singulier sans nominatif. Les pronons n'ont point de vocatif, hormis *tu*.

	Singulier.		
nom.	ego,	tu,	
gen.	mei,	tui,	ſui.
d.	mihi,	tibi,	ſibi.
ac. abl.	me,	te,	ſe.

	Plurier.		
n.	nos,	vos,	comme au ſingulier.
g.	noſtrũ, & noſtri.	veſtrũ, & veſtri.	
d. abl.	nobis,	vobis,	
ac.	nos,	vos,	

LES AVTRES PRONOMS. & leur Declinaiſon.

Les autres Pronoms aiant tous quelques regles communes, ſeront traités en commun. Ils ſont ſix dont le premier eſt.

qui,	quæ,	quod.
lequel.	*laquelle.*	*lequel.*

Les cinq autres qui vont suiure, signifient presque la mesme chose.

n.	hic,	hæc,	hoc.	ce ou cet cette.
n.	is,	ea,	id.	il ou luy elle.
n.	iste,	ista,	istud.	celuy cy celle cy
n.	ille,	illa,	illud.	celuy la celle la.
n.	ipse,	ipsa,	ipsum.	iceluy icelle.

Quant a leur Declinaison. Remarquez que le genitif des trois premiers, à sçauoir *qui hic is*, se termine en *ius*, par vne syllabe. Et le genitif des trois derniers à sçauoir *iste, ille ipse*, en *iùs*, par deux syllabes, laquelle terminaison du genitif sert pour tous les trois genres, comme aussi celle du datif. (*Voiez cy bas le genitif & datif.*)

De plus, souuenez vous que la regle qui porte que les neutres ont trois cas semblables, & que le plurier se termine en *a*, s'estend & a lieu mesme aux pronoms. Remarquez de vous mesme. Le peu qui s'en faut, Notez aussi que les pronoms suiuans, se declinant au plurier comme *bonus, bona bonum*. Le peu de difference qu'il y a aux deux premiers, ie vous laisse à obseruer.

Singulier.

n.	qui,	quæ,	quod.
gen.	cuius,		
d.	cui,		
ac.	quem,	quam,	quod.
ab.	quo,	qua,	quo.

Plurier.

n.	qui,	quæ,	quæ.
g.	quorum,	quarũ,	quorũ.
d.	quibus,		
ac.	quos,	quas,	quæ.

Singulier.

n.	hic	hæc	hoc
g.	huius.		
d.	huic.		
ac.	hunc,	hanc	hoc
ab.	hoc	hac	hoc

Plurier.

n.	hi	hæ	hæc
g.	horum	harum	horum
d.	his		
ac.	hos	has	hæc

Le pronom maſculin *qui*, fait auſſi au nominatif *quis*, *quel* ou *qui*? *Quis fecit id? qui a fait cela?* Le feminin *quæ, laquelle*, fait auſſi *qua*, mais rarement.

ADVIS,

Eclinez & eſcriuez des ſuſdits Pronoms, hic hæc hoc & qui quæ quod, *le maſc. le fem. le neut. tous à part*.

A la fin du Pronom *qui quæ quod*, on y adiouste quelquesfois cette particule, *dam*, en tous les cas, pour faire *quidam quædam quoddam cuiusdam*, &c. qui signifie *vn certain quelqu'vn* : *quidam garrit*, *quelqu'vn babille*,

ADVIS.

Prenez qui quæ quod, *Et le declinez adioustant* (dam), *a la fin*.

Autresfois on adiouste au mesme Pronom *qui quæ quod*, cette autre particule *cumque*, *et* dit on *quicúmque*, *quæcumque*, *quodcúmque*: *quiconque*, *qui que ce soit*: *quicúnque peccat*, *quiconque peche* Mais vous deuez sçauoir que ce *cumque*, se prononce ainsi, *conqué*.

ADVIS.

Prenez derechef le masc. qui, *& le declinez*, *y adioustant à la fin* cumque.

Les quatre autres Pronoms *is iste ille ipse*, se declinent au genitif & datif en cette sorte,

	Singulier.			*Singulier.*		
n.	is	ea	id	iste	ista	istud
g.	eius			istius		
d.	ei			isti		
n.	ipse	ipsa	ipsũ	ille	illa	illud
g.	ipsius			illius		
d.	ipsi			illi		

Apres le datif tout le reste se decline comme *bonus, a, um*, pource aiant decliné le premier *is ea id*, ie vous laisse les autres à decliner de vous mesme.

Singulier.

n.	is	ea	id
g.	eius		
d.	ei		
ac.	eum	eam	id
ab.	eo	eâ	eo

Plurier.

n.	ij	eæ	ea
g.	eórum	eárum	eórũ
d.	ijs		
ac.	eos	eas	ea

Le datif plur. fait aussi *eis*.

A la fin du pronom, *is ea id*, on y adiouste quelquesfois cette particule (*dem*) en tous les cas pour faire, *isdem*, *eadem*, *idem*, *le mesme la mesme. Eadem penna, la mesme plume.* Le neutre en adioustant *dem*, deuroit auoir *iddem*, mais pour adoucir la prononciation, on oste vn *d*, & dit on *idem*. Le masculin fait *isdem*, & *idem*.

ADVIS.

Declinez & escriuez is ea id, adioustant à la fin (dem.)

Outre les Pronoms cy dessus, Il y a certains noms. Adiectifs, qui en leurs declinaisons, & significations, aiant du rapport auec les Pronoms, meritent d'auoir rang entre les Pronoms. Les voicy.

vnus	vn	vter	quel des deux
alter	vn autre, le secõd,	neuter	ny l'vn ny l'autre
álius	vn autre.	totus	tout
solus	vn seul.	vllus	aucun.

Ils se declinent tous en cette maniere.

vnus	vna	vnum	vter	vtra	vtrum
vnius			vtrius		
vni			vtri		
alter	áltera	álterũ	neuter	neutra	neutrũ
altérius			neutrius		
álteri			neutri		
álius	ália	áliud	totus	tota	totum
alius			totius		
álij			toti		
solus	sola	solum	vllus	vlla	vllum
solius.			vllius		
soli			vlli		

Apres le datif, le reste se decline comme *bonus, a vm.*

ADVIS.

Prenez de chacun le masc. a part & le declinez, puis le fem. puis le neut.

CONIVGAISON DV VERBE.

SES PROPRIETE'S.

PRemierement le verbe comprend ce qu'on appelle Actif & Paßif. Secondement les modes, Indicatif, Subionctif, Imperatif, Infinitif, auec les Participes. En troisiesme lieu le temps present, passé, auenir. En quatriesme, la premiere, seconde, troisiesme personne: & par consequent le nombre singulier & plurier. Expliquons tout.

Pour entendre la premiere proprieté, il faut sçauoir qu'vn verbe se nomme Actif, lors qu'il signifie, faire, agir, effectuer, produire. Et vous cognoistrés qu'il est tel pouuant adiouster en bon François apres ledit verbe ces deux mots (quelque chose.)

Car puisque le verbe signifie agir & faire, il faut de neceßité qu'il signifie agir & faire quelque chose. Pourriez vous bien manger & ne rien manger, boire & ne rien boire, porter & ne rien porter? Il est impoßible. Il faut pour manger, manger quelque chose: pour boire, boire quelque chose: pour porter, porter quelque chose.

Et partant, ces mots (quelque chose) suiuent tousiours les verbes Actifs, & pouuant les adiouster apres vn verbe, soiez asseuré qu'il est Actif.

De la vient que tout verbe Actif à necessairement vn verbe passif qui luy respond en tout. Car comme vous dites (ie bats Pierre, ie batois, i'ay batu) qui est le verbe Actif: Pierre aussi a suiet de dire (ie suis batu, iéstois batu, i'ay esté batu) qui est le verbe passif.

Supposé qu'vn Archer tire & frape, il faut de necessité qu'il y ait vn but, qui reçoiue le trait qui frappe ; on ne peut pas fraper rien. Or est il, que tout verbe Actif, par exemple (ie coupe, ie regarde) pousse hors son action, comme vn trait. C'est pourquoy il y doit auoir vn suiet & quelque chose qui reçoiue cette action & ce trait, comme du bois, comme vn tableau. Et ce suiet receuant ainsi l'action fait le verbe passif (ie suis coupé, ie suis regardé) qui est autant que si vous disiez (ie reçois l'action de couper, ie reçois l'action de regarder.)

Et c'est la cause pour laquelle le verbe Passif est ainsi appellé ; Parceque le verbe Actif signifiant faire quelque chose, ce (quelque chose) receuant l'action patit & souffre l'action, pour ainsi parler. Si vous batez vn garçon, le garçon patit & reçoit vostre action de batre, si vous mangez du pain, le pain reçoit & patit vostre action de manger. Vous qui agissez vous faites le verbe Actif (ie bats, ie mange. Le garçon, le pain qui reçoiuent & patissent vostre action, font le verbe passif (ie suis batu, ie suis mangé) voila pourquoy le verbe Passif est appellé passif. Et pourquoy le verbe Actif est tousiours accompagné d'vn verbe Passif qui luy respond.

Quand a la deuxiesme proprieté, sçachés seulement que, mode Indicatif signifie maniere de monstrer, Imperatif de commander, Conionctif ou Subionctif de cöioindre. Infinitif de ne point definir. Il n'est pas necessaire d'examiner ces mots exactement, non plus que ces autres, Gerondifs, Supins & semblables. Pource ie passe par dessus legerement.

Pource qui concerne les participes, que vous trouuez en suite de l'infinitif: deux en l'actif, deux au Passif : ils sont ainsi appellés, pour ce qu'ils tiennent du nom & du verbe. Du premier la declinaison, du second la signification. (Verberans verberantis) se decline comme le *nom.(Verberans,batant)signifie comme le verbe: de mesme (verberaturus qui batra,) & les autres.*

Pource qui regarde la troisiesme proprieté. Puisque le verbe est action & que toute action se fait dans le temps. Car pourriez vous bien parler, en sorte que ce ne fut ni iour ni nuit, ni en aucun temps Passé, Present ou Auenir? Vous ne le pourriez faire. Donc vous parlez dans le temps, donc toute action se fait en vn temps, & le verbe estant action, necessairement marque vn temps.

Or est il qu'il ny a proprement que trois temps, le Present, le Passé, & l'Auenir, & partant l'action se fait, ou au temps passé, ou au temps present, ou au temps Auenir: comme vostre parler, vostre disner, vostre pourmener se fait necessairement en l'vn de ces trois temps. Pource le verbe est dit estre ou du temps present, ou du temps passé ou du temps auenir. On nomme le temps present en Latin Præsens, le passé Præteritum, l'aduenir Futurum.

Mais le temps passé se diuise en trois, comme en autant de branches. Le premier qui est par exemple, (ie disnois, ie lisois, ie ioüois) se nomme preterit Imparfait, parce qu'il signifie vne action passée imparfaite. Quand vous dites (i escriuois a vn tel, mais compagnie est venüe qui m'a detourné) vous tesmoignez que vostre action a esté interrompüe & delaissée imparfaite.

Le second temps passé qui est par exemple (i'ay disné, i'ay estudié) est appellé Preterit Parfait, dautant qu'il signifie vne action faite & parfaite, par ex. quand vous dites, (i'ay disné, i'ay dormi) vous signifiez que vostre disner, vostre dormir est parfait & acheué entierement. Le troisiesme temps passé qui est par exemple (i'auois ioüé, i'auois escrit), est appellé Plusque parfait, d'autant qu'il tesmoigne, que l'action estoit acheuée, & plus qu'acheuée au temps dont il est question, comme quant vous dites (i'auois soupé, lors que vostre seruiteur est venu.)

Quant a la quatriesme proprieté. Les Pronōs vous ont enseigné qu'il y a trois persōnes pour le singulier: moy *ou* ie *la premiere.* Toy, *ou* tu *la secōde.* Iceluy *ou* luy *la troisiesme. Et pour le plurier de mesme* nous *est la premiere* vous *la deuxiesme* iceux *ou* eux *la troisiesme,*

Or puiſque le verbe ſignifie faire, agir, reçeuoir: Il faut qu'il y ait quelque perſonne qui agiſſe qui reçoiue, ſoit la premiere, ſoit la deuxieſme, ſoit la troiſieſme, & que ceſte perſonne ſoit ſeule ou pluſieurs. C'eſt pourquoy il y a au verbe trois perſonnes, & le ſingulier & le plurier. (I'aime, tu aimes, il aime) eſt ſingulier, (nous aimons, vous aimez, ils aiment) eſt plurier. De meſme en Latin, amo, amas, amat: amámus, amátis, amant.

Touchant la Coniugaiſon du Verbe, ie vous diray, que c'eſt eſtre bien eſtranger dans ſon propre païs, de la ſçauoir en Latin, & de l'ignorer en François. Et ne me dites pas, que les enfans la ſçauent par vſage; les plus habiles meſme ont peine bien ſouuent de s'en tirer. Il ne faut que prendre en main le verbe (aſſeoir,) qui nous eſt ſi familier, & le coniuguer, & eſcrire, pour en voir la preuue ſur le champs: & iuger ſi la petite Ieuneſſe ne me doit pas ſçauoir gré, de luy auoir defriché vn petit ces difficultés, ſuiuant ſa portée & la mienne. Au reſte ie n'ay voulu donner au verbe François, que les meſmes temps, qu'il y a au Verbe Latin, ni plus ni moins; Afin de faire reſpondre entierement l'vn a l'autre, & donner à l'Enfant moien de les coniuguer tous deux enſemble nettement & correctement.

TERMINAISONS DES CONIVGAISONS.

Il y a quatre Coniugaiſons, dont voicy les terminaiſons en l'Infinitif.

1	2	3	4
er	ir	oir	re
aimer	auertir	conceuoir	entendre
ámare	*monére*	*cápere*	*audíre.*

Mais auparauant que de les expliquer, parlons des Verbes Auxiliaires.

DES VERBES AVXILIAIRES.

(auoir) & (eſtre.)

Ces deux verbes ſont appellés Auxiliaires, c'eſt à dire. Verbes de ſecours, par ce que ſans leur aide & ſecours, on ne peut coniuguer pas vn autre. Le Verbe *auoir*, ſert a tout autre, qui n'eſt point Paſſif, & a ſoy meſme. Le Verbe *eſtre*, ſert au Paſſif.

Indicat. *Present*	i'ay	tu as	il a,	nous auons	vous auez	ils ont
Imparf.	i'auois	tu auois	il auoit,	nous auions	vous auiez	ils auoient
Futur	i'auray	tu auras	il aura,	nous aurõs	vous aurez	ils auront.
Parfait.	i'ay eu	&c.				
Pl. parf.	i'auois eu	&c.				
Subiõct. *Pres. que*	i'aye	tu ayes	il ayt ou aye,	nous ayons	vous ayez,	ils ayent,
Imparf.	i'aurois	&c,				
Futquand	i'auray eu	&c.				
Parf. que	i'aye eu	&c.				
Plusq.	i'aurois eu.	&c.				
Imperat. *Pres.*		aye			ayez	
Infinit. *Pres Imp.*	auoir.					
Futur.	deuoir auoir.					
parf. plusq	auoir eu.					
Partic. *Pres*	ayant.					
Futur.	deuant auoir.					

En l'Indicatif les deux premiers temps seruent à coniuguer les deux derniers. Au subionctif de mesme. En l'Infinitif de mesme. Le troisiesme temps de l'Indicatif sert à coniuguer le troisiesme temps du Sub. A tous lesquels il ne faut qu'adiouster le participe du verbe coniugué.

Indicat. Present	ie ſuis	tu es	il eſt,	nous ſommes	vous eſtes	ils ſont
Imparf.	i'eſtois	&c.				
Futur	ie ſeray	&c.				
Parfait	i'ay eſté	&c.				
pl. parf	i'auois eſté	&c.				

Subionct. Preſ. que	ie ſois	tu ſois	il ſoit,	nous ſoyons	vous ſoyez	ils ſoient
Imparf.	ie ſerois					
Fut quãd	i'auray eſté					
Parf que	i'aye eſté					
Pluſq.	i'aurois eſté					

Imperat Preſ	ſois toy	ſoyez vous

Infinit. Preſ Imp.	eſtre
Futur.	deuoir eſtre
parf. pluſq.	auoir eſté

partic. preſent.	eſtant
Futur.	deuant eſtre

ADVIS,

APrenez parfaitement ces deux verbes. Et conſiderez diligemment comme le premier ſert à coniuger, & ſoy & tous les autres.

	1		2	
Indicat. Praeſ.	i'aime	*tu aimes, il aime, noꝰ aimõs, voꝰ aimez ils aiment*	i'auertis	*tu auertis, il auertit, noꝰ auertisõs, voꝰ auertiſſez, ils auertiſ[…]*
Imp.	i'aimois	&c.	i'auertiſſois	
Fut.	i'aimeray	&c.	i'auertiray	
Parf.	i'ay aimé	&c.	i'ay auerty	
Pluſ. que	i'auois aimé	&c.	i'auois auerty	
Subiõct. Pres. que	i'ayme.	*tu aimes il aime nous aimions voꝰ aimiez ils aiment.*	i'auertiſſe	*tuꝰ auertiſſes il auertiſſe, noꝰ au[…]tiſsiõs voꝰ auertiſſiez ils auerti[…]*
Impar.	i'aimerois	&c.	i'auertirois	
Fquād	i'auray aimé	&c.	i'auray auerty	
Parf. qꝫ	i'aye aimé	&c.	i'aye auerty	
Pluſ.	i'aurois aimé	&c.	i'aurois auerty	
Imperat. Preſ.		aime, aimez		auerty, auertiſſez
Infinit. Preſ. Imp.	aimer		auertir	
Fut.	deuoir aimer		deuoir auertir	
Parf. pl.	auoir aimé		auoir auerty	
Partic. Preſ.	aimant		auertiſſant	
Futur	deuant aimer		deuant auertir	

	3		4	
Indicat. *Pres.*	ie conçois	*tu cõçois il cõçoit, noꝰ cõçeuons voꝰ conçeuez ils conçoiuẽt*	i'entends	*tu entẽds il entẽd, noꝰ entẽdõs voꝰ entẽdez ils entẽdẽt*
Imp.	ie conçeuois	&c.	i'entendois	
Fut.	ie conçeuray	&c.	i'entendray	
Parf.	i'ay conçeu	&c.	i'ay entendu	
Pl.parf.	i'auois conçeu.	&c.	i'auois entendu	

	3		4	
Subiõct. *Pres. que*	ie conçoiue	*tu cõçoiues il cõçoiue, noꝰ cõçeuiõs voꝰ cõçeuiez ils cõçoiuẽt*	i'entẽde	*tu entẽdes il entẽde noꝰ entẽdiõs voꝰ entẽdiez ils entẽdẽ*
Impar.	ie conçeurois	&c.	i'entendrois	
F quãd	i'auray conçeu	&c.	i'auray entendu	
Parf q.	i'aye conçeu	&c.	i'aye entendu	
Plus.	i'aurois conçeu	&c.	i'aurois entendu	

	3		4	
Imperat. *Pres.*	conçoy	conçeuez	entend	entendez

	3	4
Infinit. *Pres.Imp.*	conçeuoir	entendre
Fut.	deuoir conçeuoir	deuoir entendre
Plusq.	auoir conçeu	auoir entendu

	3	4
Partic. *Pres.*	conçeuant	entendant
Fut	deuant conçeuoir	deuant entendre

M

Notez que la premiere personne du present du Subionct. se forme en toutes les Coniugaisons, de la derniere du Present de l'Indicatif retranchant (*nt,*) ex ils aiment, que i'aime. Ils auertissent, que i'auertisse.

VERBE PASSIF.

Coniuguez le verbe Auxiliaire (*ie suis,*) & y adioustez le participe Passif, vous aurez le verbe Passif. Exemple.

ie suis	*aimé*
tu es	*aimé*
il est	*aimé*
nous sommes	*aimés &c.*

Ce Participe au Plurier prends (*s,*) comme vous voyez. Et la personne estant du genre feminin, il se met au feminin, ie suis aimée, tu és aimée &c.

ADVIS.

Ratiquez ces 4. Coniugaisons sur les verbes de la liste suiuante, cheminant selon l'aduis, que precede les Declinaisons Latines.

LISTE DE VERBES POVR PRATIQVER les 4. Coniug. Françoises.

couper	reçeuoir	manger	porter
cherir	fraper	deuoir	batre
apperceuoir	fendre	nourrir	chastier
tendre	munir	respondre	fournir

DV PARFAIT DEFINI.

AV verbe Latin, il n'y a qu'vn seul Parfait: Au François il y en a deux qui luy respondent. L'vn se nomme indefini, d'autant que par iceluy, on ne defini pas precisement le temps auquel l'action a esté faite. Disant (i'ay ioüé, i'ay estudié) ie ne specifie pas vn temps precis, auquel i'ay ioué, i'ay estudié.

L'autre Parfait s'appelle defini, d'autant qu'il definit & determine le temps, auquel l'action a esté produite. Disant (estant hier au champs ie tombay malade, ie tremblay) ie definis & pose vn certain temps auquel ie tombay malade.

Et pource en l'oraison ou ce Parfait defini a lieu, la particule (alors) y est tousiours exprimée ou sous entendüe.

Quant au premier Parfait, ie l'ay rangé parmy les autres temps en son lieu: pource qui regarde le dernier, en voicy la coniugaison.

PARFAITS DEFINIS DES AVXILIAIRES.

i'eus *tu eus il eust, nous eusmes vo⁹ eustes, ils eurent*	ie fus *tu fus il fut, no⁹ fusmes vo⁹ fustes, ils furent*
PARFAITS DEFINIS DES	QVATRES CONIVGAISONS
i'aimay *tu aimas, il aima, no⁹ aimasmes vo⁹ aimastes ils aimerent*	ie conçeus *tu cõçeus, il cõçeus, no⁹ cõçeusmes vo⁹ cõçeustes ils cõçeurent*
i'auertis *tu auertis il auertit, nous auertismes vo⁹ auertistes ils auertirẽt*	i'entẽdis *tu entẽdis i· entẽdit, no⁹ entẽdismes vo entẽdistes ils entẽdirẽt.*

Ce Parfait defini se forme de l'Indicatif: aimer, i'aimay: deuoir, ie deus: finir, ie finis: rendre, ie rendis. Pour les Auxiliaires ils sont irreguliers.

DV SVBIONCTIF.

Au Latin il n'y à au Subionctif, qu'vn seul Imparfait, & vn seul plusqueparfait. Mais au François il y a & deux Imparfaits, & deux plusque. Ie vous ay exposé cy deuant les deux premiers, comme les plus faciles, voicy les seconds.

SECOND IMPARFAIT DV SVBIONCTIF.

quoy que	quoy que
i'eusse *tu eusses il eust, no⁹ eussions vous eussiez ils eussent.*	ie fusse *tu fusse il fust, nous fussions vous fussiez ils fussent*
1.	3.
i'aimasse *tu aimasse il aimast, no⁹ aimassiõs vo⁹ aimassiez, ils aimassẽt*	ie cõçeusse *tu cõçeusses il cõçeust, no⁹ cõçeussiõs vo⁹ cõçeussiez ils conçeussẽt*
2.	4.
i'auertisse *tu auertisses il auertist, no⁹ auertissiõs vo⁹ auertissiez ils auertissẽt*	i'entẽdisse *tu entẽdisses il entẽdist no⁹ entẽdissõs vous entẽdissiez ils entẽdissẽt.*

Ce temps est formé de la deuxiesme du parfait defini adioustant (se,) a la fin. Ex. aimas, i'aimasse; finis, ie finisse: conçeus ie, conçeusse: eus, i'eusses: fus, fusse.

SECOND PLVSQVEPARFAIT DV SVBIONCTIF.

quoy que	quoy que
i'eusse eu *tu eusses eu &c.*	i'eusse esté *tu eusses esté &c.*
i'eusse aimé *tu eusse aimé &c.*	i'eusse conçeu *tu eusses conçeu &c.*
i'eusse auerty *tu eusses auerty &c.*	i'eusse entendu *tu eusses entendu &c.*

ADVIS.

PRenez les verbes de la liste precedente, & en donnez le parfait defini, Et le second Imparfaits & Plusq. du Subionctif, regardant ceux cy pour modele.

CONIVGAISON

DV VERBE LATIN.

IL n'y a en la Coniugaiſon du verbe Latin, qu'vn ſeul verbe Auxiliaire, qui eſt le Subſtantif (*ſum ie ſuis*,) Et ne ſert qu'à Coniuguer le Paſſif, les Actifs ſe coniuguant d'eux meſmes ſans le ſecours d'aucun autre. Ce verbe eſt dit ſubſtantif, parce qu'il ſignifie l'eſtre, & la ſubſiſtence des choſes, dont les autres verbes ſignifient les Actions & Paſſions.

VERBE SVBSTANTIF (*ſum ie ſuis*)

Indicat.						
Preſens	ſum	es	eſt:	ſumus	eſtis	ſunt
Imperf	eram	eras	erat :	erámus	erátis	erant.
Futur.	ero	eris	erit :	érimus	éritis	erunt.
P. Perf	fui	fuiſti	fuit:	fúimus	fuíſtis	fuérunt.
Pretpluſ.	fúeram	fúeras	fúerat :	fuerámus	fuerátis	fúerant.

Subiūct.						
Preſens.	ſim	ſis	ſit:	ſimus	ſitis	ſint.
Imperf.	eſſem	eſſes	eſſet :	eſſémus	eſſétis	eſſent.
Futur.	fúero	fúeris	fúerit :	fuérimus	fuéritis	fúerint.
Perf.	fúerim	fú ris	fúerit:	fuérimus	fuéritis	fúerint.
Pluſquam	fuíſſem	fuíſſes	fuíſſet:	fuiſſémus	fuiſſétis	fuíſſent.

1. *Pprenez le ve be Subſt (ſum) comme il eſt cy-deſſus (ſum es eſt, ſumus &c.) 2. Puis vous l'eſcrirez tout au long en cette ſorte,*

ſum
es
eſt &c.

3. *Cela fait. Eſcriuez la ſignification vis à vis du Latin, prononçant le Latin, & eſcriuant le François. Et il y aura,*

ſum — *ie ſuis*
es — *tu es &c.*

Ainſi voila vn commencement de verſion. Changez l'ordre par apres ſi bon vous ſemble, eſcriuant le François le premier, & le Latin le ſecond, Ce ſera vn commencement de compoſition.

VERBVM SVBSTANTIVVM. (*ſum*)

ſum *ie ſuis*	es *tu es*	eſt *il eſt*	ſumus *nous ſommes*	eſtis *vous eſtes*	ſunt *ils ſont*
eram *i'eſtois*	eras *tu eſtois*	erat *il eſtoit*	erâmus *nous eſtions*	erâtis *vous eſtiez*	erant *ils eſtoient*
ero *ie ſeray*	eris *tu ſeras*	erit *il ſera*	érimus *nous ſerons*	éritis *vous ſerez*	erunt *ils ſeront*
fui *i'ay eſté*	fuiſti *tu as eſté*	fuit *il a*	fúimus *nous auons*	fuiſtis *vous auez*	fuérunt *ils ont*
fúeram *i'auois eſté*	fúeras *tu auois*	fúerat *il auoit*	fuerámus *nous auions*	fuerátis *vous auiez*	fúerant *ils auoient*

ſim *que ie ſois*	ſis *tu ſois*	ſit *il ſoit*	ſimus *nous ſoyons*	ſitis *vous ſoyez*	ſint *ils ſoient*
eſſem *ie ſerois*	eſſes *tu ſerois*	eſſet *il ſeroit*	eſſémus *nous ſerions*	eſſétis *vous ſeriez*	eſſent *ils ſeroient*
fúero *quand ie ſeray*	fúeris *tu ſeras*	fúerit *il ſera*	fuérimus *nous ſerons*	fuéritis *vous ſerez*	fuérint *ils ſeront*
fúerim *que i'aye eſté*	fúeris *tu ayes*	fúerit *il ayt*	fuérimus *nous ayons*	fuéritis *vous ayez*	fuérint *ils ayent*
fuíſſem *i'euſſe eſté*	fuíſſes *tu euſſes eſté*	fuíſſet *il euſt eſté*	fuiſſémus *nous euſſiõs eſté*	fuiſſétis *vo⁹ euſſiez eſté*	fuíſſent *ils euſſent eſté.*

Imperat. Preſ. ſis *vel* es, *vel* eſto *ſois* — eſte *vel* eſtóte *ſoiez*

Infinit. Preſ. eſſe *eſtre*

Futur. futurum eſſe, vel fore *deuoir eſtre*

P. Perf. fuiſſe *auoir eſté*

Partic. Preſ. exiſtens *eſtant*, ſumit ab (exiſto ie ſuis.)

DIVISION DES CONIVGAISONS LATINES.

IL n'y a que quatre Coniugaiſon Latines, qui au Preſent de l'Indicatif ſe terminent toutes en (*o*) indiffe-remment: ſinon que la ſeconde ſe termine touſiours en (*eo*) & la quatrieſme en (*io*:)

Les differences qui diſtinguent ces quatre Coniugaiſons, ſe tirent de deux chefs particulierement, a ſçauoir du Preſent de l'Infinitif & de la ſeconde perſonne de l'Indicatif. Ou il y a en la

	1	2	3	4
Inf. Preſ.	áre	ére	ĕre	íre
2. Pers Ind.	as	es	is	is

La penultieſme de l'infinitif eſt brefue en la troiſieſme, longue aux autres. La terminaiſon du Preterit & du Supin, eſt neceſſaire auſſi à ſçauoir pour la formation de pluſieurs temps. Ie vous en vay donner quelques regles, mais qui ſouffrent quantité d'exceptions.

En la premiere Coniugaiſon, le Preterit ſe termine regu-lierement en (*áui*) & le Supin, en (*átum.*) En la ſeconde Coniugaiſon le Preterit en (*ŭi*,) le Supin en (*itum.*) En la troiſieſme il y a tant de varieté au Preterit & Supin, qu'on n'en peut rien dire de regulier, ſinon qu'ils ont a la fin (*i*) au Preterit, & (*um*) au Supin, comme les autres. En la qua-trieſme le Parfait ſe termine regulierement en (*íui*) & le Supin en (*ítum*.) Toutes lequelles choſes vous pouuez voir d'vne œillade au parallele ſuiuant.

	1		2		3		4	
Infinit.	áre,	amáre *aimer*	ére,	monére *auertir*	ĕre,	cápere *cõceuoir prẽdre*	íre,	audíre *entendre,*
Ind. Pres.	o	amo *i'aime*	eo	móneo *i'auertis*	o	cápio *ie conçois*	io	aúdio *i'entends*
2. Pers.	as,	amas, *tu aime*	es,	mones *tu auertis*	is,	capis *tu conçois*	is,	audis *tu entẽds.*
Parfait.	áui	amáui, *i'ay ai*	ũi	mónui *i'ay auerty*	i	cepi *i'ay conçeu*	íui	audíui *i'ay ẽtẽdu*
Supin.	átũ	amátum *aimer*	itũ,	mónitũ *auertir*	um,	captum *conçeuoir*	ítũ	audítũ *entẽdre*

ADVIS.

Pprenez cette suite de terminaisons, disant. Premiere Coniug. (áre, o as, áui átum) 2. Coniug (ére, eo es, &c.) Parcourez par apres la liste suiuante disant Ce verbe est de la premiere, cet autre de la seconde. Et ainsi par tout & rendant raison de tout.

LISTE DE VERBES POVR

Les verbes de cette page sont rangés selon l'ordre de leur coniugaison pour plus grande facilité.

amáre, aimer,
amo amas,
amáui, amátum.

*Ama, * & fac quid vis. Aime* & fais ce que tu veux Aimez Dieu, & viuez sans scrupule.*

* Deum / Dieu

docére enseigner,
dóceo, doces,
dócui doctum,

Sus docet Mineruam. La truye enseigne Minerue. Quand l'Escolier veut enseigner son maistre.

spárgere espandre,
spargo spargis,
sparsi sparsum,

Spargere Margaritas ante porcos. Semer des perles deuant les pourceaux Dire de bonnes choses à gens indignes

audíre entendre,
aúdio audis,
audíui audítum,

Tubam sus audíuit. La truye a oüi la trompette Entendre de belles remonstrances sans en estre touché.

captáre prendre,
capto captas,
captáui, captátum,

Aquila non captat muscas. L'Aigle ne chasse pas aux mouches Vn grãd courage ne s'amuse pas a petites choses

tenére tenir,
téneo tenes,
ténui tentum,

Cauda tenes Anguillam. Tu tiens l'anguille par la queuë. Vn subtil eschappe tousiours.

fúgere fuir,
fúgio fugis,
fugi fúgitum,

Qui fugit molam, fugit farínam. Qui fuit la meule, fuit la farine Qui fuit le trauail, fuit la recompense.

hauríre puiser,
háurio hauris,
hausi haustum,

Hauríre aquam cribro. Puiser de l'eau auec vn crible. Lire, mais ne rien retenir.

incitáre inciter,
íncito íncitas,
incitáui incitátum,

Incitas currentem. Tu excite celuy qui court. Tu picque le cheual qui court,

vidére voir,
vídeo vides,
vidi visum,

Terram video. Ie vois la terre. Quand on voit la fin d'vn ouurage long & ennuieux.

trúdere pousser,
trudo trudis,
trusi trusum,

Clauus clauum trudit. Vn cloud chasse l'autre. Vne peine fait oublier l'autre.

inuenire trouuer,
inuénio ínuenis,
inuéni inuéntum,

Vel acum inueniffet. Il eust troué iusqu'à vne aiguille. D'vn homme qui examine de prés.

dare donner,
do das,
dedi datum.

Dare verba pro farina. Donner de belles paroles au lieu de farine. Promettre & ne rien tenir.

habére auoir,
hábeo habes,
hábui hábitum,

Capillus quoq; habet vmbrã. Vn cheueu mesme a de l'ombre Il n'y a si petit compagnon qui ne puisse nuire

abiícere quitter,
abiício ábiicis,
abiéci abiéctum,

Abiícere corónam. Quitter la Couronne. Perdre courage. Ne perseuerer iusqu'à la fin qui couronne l'œuure.

dormíre dormir,
dórmio dormis,
dormíui dormítum.

Sub omni lápide scorpius dormit. Le scorpiõ dort sous toute sorte de pierre. Par tout il y a des dangers & des embusches.

PRATIQVER LES CONIVGAISONS.

Ceux de celle cy sont pesle mesle pour exercer les esprits & donner matiere à la conference & dispute.

émere acheter, emo emis, emi emptum,	tángere toucher tango tangis tétigi tactum	lauáre lauer lauo lauas laui lotum	infúndere verser infúndo infúndis infúdi infúsum
Spem pretio non emo. Ie n'achepte pas l'esperance a prix d'argent. I'aime mieux vn tien que deux tu l'auras.	*Vlcus tangere. Toucher l'apostume. Parler d'vn point qui blesse.*	*Láterem lauas. Tu laue vne tuile. A lauer la teste d'vn asne on n'y perd que la lesciue.*	*Qui lucerna indigent oleum infundunt. Ceux qui ont besoin de la lãpe y versent de l'huile. On caresse ceux dont on à besoin.*
frángere briser, frango frangis, fregi, fractum,	sitíre auoir soif, sítio sitís sitíui sitítum,	curáre auoir soin curo curas curáui curátum	nutríre nourrir nútrio nutris nutríui nutrítum
Malum vas non frangitur. Vn meschant vaisseau ne se brise pas. Vn homme de bien y fust demeuré. Mourroit plustost vn bon chien de berger.	*Fontes iam sitiunt. Enfin les fontaines ont soif. D'vn sçauant qui veut apprendre, D'vn qui doit enseigner & à besoin d'estre enseigné.*	*Cura esse quod audis. Aye soin d'estre ce qu'on t'estime Tasche de meriter les loüanges qu'on te donne.*	*Concordia nutrit amorem, La concorde nourrit l amitie. la mauuaise intelligence la ruine.*
cóquere cuire, coquo coquis, coxi coctum,	fácere faire, fácio, facis feci factum	ágere faire ago agis egi actum	sápere estre sage sápio sapis sápui sápitum
Furnum frigidum panes non coquit. Vn four froid ne cuit pas les pains. Vne froide affection ne conduit pas à chef aucune entreprise.	*Barba non facit Philosophũ. La barbe ne fait pas le Philosophe. Il ne faut pas tant regarder à l'exterieur,*	*Hoc age. Fais cela. Pense à ce que tu fais, ne t'amuse pas à autres choses.*	*Piscator ictus sapit. Le pescheur frapé deuient sage. La correction, le dommage reçeu rend sage. Chat eschaudé craint l'eau froide.*
túndere batre, tundo tundis tútudi tunsum	bíbere boire, bibo bibis bibi bíbitum.	áddere adiouster, addo addis áddidi ádditum	míttere enuoyer mitto mittis misi missum
Eandem incúdem túndere. Fraper vne mesme enclume. Batre & rebattre la mesme chose à vn lourd esprit.	*Vt canis è Nilo bibit & fugit. Comme le chien du Nil, il boit & s'enfuit. Ne s'arrester aux plaisirs de cette vie*	*Addere sydera cœlo. Adiouster des estoilles au Ciel. Vouloir donner de la perfectiõ à vn œuure accompli.*	*Mitte nuces. Quitte les noix. Laisse les badineries & les ieux d'enfans.*

CONIVGAISON DV VERBE ACTIF.

IE change vn petit l'ordre des modes & des temps en ces Coniugaisons, (salus pueri summa lex esto.) Si ie l'ay fait auec suiet, vous l'allez voir & en iuger vous mesmes.

Ie mets l'Imperatif aupres de l'Infinitif, pource que l'Imperatif est formé de l'Infinitif retranchant (re.) Autrement on donne occasion à l'enfant de faillir, & dire, par exemple, (cápio, cápie: efficio, efficie:) comme il dit, (lego, lege.)

Ie mets aussi le Futur en suite de l'Imparfait, pour la mesme raison, amábam formant amábo: docébam, docébo: legébam, legam: audiebam, audiam: retranchant (eb) aux deux derniers.

Par ce moyen les Futurs sont rendus faciles, qui sont temps des plus difficiles. Au lieu que le Futur marchant en suite du Parfait, l'esprit de l'enfant qui va viste & sans reflexion est suiet à faillir, & à dire par exemple, (flexi, flexam,) de (flecto.) Et ainsi des autres.

Ie mets à part & reiette sur la fin les Gerondifs, les Futurs de l'Imperatif & autres embaras. Ie ne laisse que deux personnes à l'Imperatif, les autres estant comprises dans le subionctif, afin que tout soit net sans intrigues & sans obscurité.

Maintenant ie vay vous donner trois tables, ou vous pourrez apprendre la Coniugaison du verbe actif. En la premiere par iugement; aux deux dernieres par memoire. En la premiere trauaillant vn peu de vous mesme & raisonnant, Aux deux dernieres sans peine, & par la seule lecture.

Au troisiesme quarré qui est en suite de la premiere table, vous voyez (imus itis) auec deux accens pour vous monstrer que la penultiesme des personnes en (imus itis) est tantost longue tantost brefue: longue au present de la Quatriesme (audímus audítis.)

brefue partout ailleurs, légitis, légimus, audiuérimus audiuéritis.

Notez aussi que la troisiesme du Plurier a tousiours le mesme accent que la premiere du singulier, légerem, légerent. *Pour exemple de la troisiesme Coniugaison au lieu de* lego, *ie prends* cápio, *qui signifie*, ie prends, ie conçois; *d'autant que* conçeuoir *est de la troisiesme Coniugaison Françoise. Ainsi tout correspond & les quatre verbes François qui ont seruy d'exemples aux quatre Coniugaisons Françoises, seruent aussi pour les Coniugaisons Latines.*

I. TABLE

	1.		2.		3.		4.	
nd	amo	as	móneo	es	cápio	is	aúdio	is
	amábam	as	monébam	as	capiébam	as	audiébam	as
	amábo	is	monébo	is	cápiam	es	aúdiam	es
	amáui	ísti	mónui	ísti	cepi	ísti	audíui	ísti
	amáueram	as	monúerã	as	céperam	as	audíueram	as
Sub.	amem	es	móneam	as	cápiam	as	áudiam	as
	amárem	es	monérem	es	cáperem	es	audírem	es
	amáuero	is	monúero	is	cépero	is	audíuero	is
	amáuerim	is	monúerim	is	céperim	is	audíuerim	is
	amauíſſem	es	monuíſſem	es	cepíſſem	es	audiuíſſem	es
Imp.	ama	amáte	mone	monéte	cape	cápite	audi	audíte
Inf.	amáre		monére		cápere		audíre	
	amatúrum eſſe		monitúrum eſſe		captúrum eſſe		auditúrum eſſe	
	amauíſſe		monuíſſe		cepíſſe		audiuíſſe	
part.	amans		monens		cápiens		áudiens	
	amatúrus		monitúrus		captúrus		auditúrus	

1. uarré.		as	at		is	it	3. Quarré.
	ámus	átis	ant	ímus	ítis	unt	
						au sub int	
2. uarré.		es	et		ísti	it	4. Quarré.
	émus	étis	ent	ímus	ístis	érunt	

ADVIS.

Apprenez premierement ces terminaisons, (as, at, amus &c.) Puis prenant (amo) & trouuant (amo as,) poursuiuez hardiment selon les terminaisons du 1. quarré amo, amas, amat &c.) Trouuant (amabo is) selon celles du 3. (amabo, amabis amabit &c Et ainsi par tous les verbes.

SECONDE TABLE.

Indicatif.

amo amas amat, amámus amátis amant	móneo mones monet, monémus monétis mone[nt]
amábam amábas amábat, amabámꝰ amabátis amábant	monébã monébas monébat, monebámꝰ, monebátis, mo- nébant
amábo amábis amábit, amábimꝰ amábitis amábunt	monébo monébis monébit, monébimus monébitis mo- nébunt,
amáui amauísti amáuit, amáuimꝰ amauístis amauérũt	mónui monuísti mónuit, monúimꝰ monuístis monu- runt,
amáuerã amáueras, amáuerat, amauerámꝰ, amauerátis, a- máuerant.	monúerã monúeras, monúerat, monuerámus, mone- rátis, monúerant.

Subionctif.

amem ames amet, amémus amétis ament	móneam móneas móneat, moneámus moneátis mo- neant,
amárẽ amáres amáret amarémꝰ amarétis amárent	monérẽ monéres monéret, monerémus, monerétis, mo- nérent
amáuero amáueris amáuerit, amauérimus amauéritis amá- uerint.	monúero monúeris monúerit monuérimus monuéritis monúerint.
amáuerĩ amáueris amáuerit, amauérimus amauéritis, amá- uerint.	monúerĩ monúeris monúerit,. monuérimꝰ monuéritis monúerint,
amauíssẽ amauísses amauísset, amauissémus, amauissétis, a- mauissent.	monuíssẽ monuísses monuísset, monuissémꝰ, monuissé- tis, monuissent.

L'Imperatif & L'Infinitif

DV VERBE ACTIF.

Indicatif.

cápio	capis	capit;	cápimus	cápitis	cápiunt	aúdio	audis	audit,	audímus	audítis	aú
capiébã	capiébas	capiébat,	capiebámꝰ	capiebátis	capiébãt	audiébã	audiébas	audiébat.	audiebámꝰ	audiebáti	
cápiam	cápies	cápiet,	capiémꝰ	capiétis	cápient	aúdiam	aúdies	aúdiet,	audiémꝰ	audiétis	aú
cepi	cepíſti	cepit,	cépimus	cepíſtis	cepérunt	audíui	audiuíſti	audíuit	audíuimꝰ	audiuiſtis	au
céperam	céperas	céperat	ceperámꝰ	ceperátis	céperant	audíuerã	audíueras	íuerat	iuerámꝰ	iuerátis	au

Subionctif.

cápiam	cápias	cápiat,	capiámꝰ	capiátis	cápiant	aúdiam	audias	aúdiat,	audiámꝰ	audiátis	aú
cáperẽ	cáperes	cáperet	càperémꝰ	caperétis	cáperent	audírem	audíres	audíret,	audirémꝰ	audirétis	au
cépero	céperis	céperit,	cepérimꝰ	cepéritis	céperint	audíuero	audíueris	íuerit,	audiuérimꝰ	iuéritis	í
céperim	céperis	céperit,	cepérimꝰ	cepéritis	céperint	audíuerĩ	audíueris	íuerit,	audiuérimꝰ	iuéritis	í
cepiſſem	cepíſſes	cepíſſet,	cepiſſémꝰ	cepiſſétis	cepíſſent	audiuiſsẽ	íſſes	íſſet,	audiuiſsémꝰ	iſsétis	í

Comme en la ſeconde Table.

Indicatif.

mo	amas	amat,	amámus	amátis	amant
ime	*tu aimes*	*il aime,*	*noꝰ aimons*	*voꝰ aimez*	*ils aiment*
mábam	amábas	amábat,	amabámꝰ	mabátis	mábant
imois	*tu aimois*	*il aimoit,*	*noꝰ aimiõs*	*voꝰ aimiez*	*ils aimoiēt*
mábo	amábis	amábit,	amábimus	amábitis	amábunt
imeray	*tu aimeras*	*il aimera,*	*noꝰ aimerõs*	*voꝰ aimerez*	*ils aimerõt*
máui	amauísti	amáuit,	amáuimꝰ	amauístis	amauérũt
y aimé	*tu as aimé*	*il a aimé,*	*noꝰ auons*	*vous auez*	*ils ont*
máuerã	amáueras,	amáuerat	amauerámꝰ	auerátis	amáuerant
uois aimé	*tu auois*	*il auoit,*	*noꝰ auiõs*	*vous auiez*	*ils auoient*

móneo	mones	monet,	monémus	monétis	monen
i'auertis	*tu auertis*	*il auertit,*	*noꝰ auertis-sons*	*voꝰ auertis-sez*	*ils au*
monébã	monébas	monébat,	monebámꝰ	nebátis	mone
i'auertissois	*tu auertis-sois*	*il auertis-soit,*	*noꝰ auertis-sions*	*voꝰ auertis-siez*	*ils a*
monébo	monébis	monébit,	monébimꝰ	nébitis	moné
i'auertiray	*tu auertiras*	*il auertira,*	*noꝰ auerti-rõs*	*voꝰ auerti-rez*	*ils au*
mónui	monuísti	mónuit,	monúimꝰ	nuístis	nuéru
i'ay auerty	*tu as*	*il a,*	*noꝰ auons*	*voꝰ auez*	*ils ont*
monúerã	monúeras	monúerat,	uerámus	uerátis	úeran
i'auois auerty	*tu auois*	*il auoit,*	*noꝰ auiõs*	*voꝰ auiez*	*ils au*

Subionctif.

mem	ames	amet,	amémus	amétis	ament
i'aime	*tu aimes*	*il aime,*	*noꝰ aimiõs*	*voꝰ aimiez*	*ils aiment*
márem	amáres	amáret,	amarémꝰ	marétis	márent
imerois	*tu aimerois*	*il aimeroit,*	*noꝰ aimeriõs*	*voꝰ aime-riez*	*ils aime-roiēt*
máuero	amáueris	amáuerit,	amauérimꝰ	auéritis	áuerint
auray aimé	*tu auras*	*il aura,*	*noꝰ aurons*	*voꝰ aurez*	*ils auront*
máuerĩ	amáueris	amáuerit,	amauérimꝰ	auéritis,	áuérint
aye aimé	*tu ayes*	*il ayt,*	*noꝰ ayons*	*voꝰ ayez*	*ils ayent*
mauissẽ	amauísses	amauísset,	amauissémꝰ	uissétis,	íssent
aurois aimé	*tu aurois*	*il auroit,*	*noꝰ auriõs*	*voꝰ auriez*	*ils auroient*

móneam	móneas	móneat,	moneámꝰ	moneátis	mónean
i'auertisse	*tu auertisses*	*il auertisse,*	*noꝰ auertis-siõs*	*voꝰ auertis-siez*	*ils auer*
monérem	monéres	monéret,	erémus	erétis	nérent
i'auertirois	*tu auerti-rois*	*il auerti-roit,*	*noꝰ auerti-rions*	*voꝰ auerti-riez*	*ils auer*
monúero	monúeris	monúerit	monuérimꝰ	uéritis	úerint
i'auray auerty	*tu auras*	*il aura,*	*noꝰ aurons*	*voꝰ aurez*	*ils auro*
monúerĩ	monúeris	monúerit,	monuérimꝰ	uéritis	úerint
i'aye auerty	*tu ayes*	*il ayt,*	*noꝰ ayons*	*voꝰ ayez*	*ils ayent*
monuissẽ	monuísses	monuísset,	monuissémꝰ	uissétis	nuísse
i'aurois auerty	*tu aurois*	*il auroit*	*noꝰ auriõs*	*voꝰ auriez*	*ils aur*

ma	*aime*	amáte	*aymez*
máre	*aimer*		
matúrum esse	*deuoir aimer*		
mauisse	*auoir aimé*		
mans	*aimant*		
matúrus	*deuant aimer.*		

mone	*auerty*	monéte	*auertiss*
monére	*auertir*		
monitúrum esse	*deuoir auertir*		
monuisse	*auoir auerty*		
monens	*auertissant*		
monitúrus	*deuant auertir.*		

DV VERBE ACTIF.

Indicatif.

ápio	capis	capit	cápimus	cápitis	cápiunt
cōçois	*tu conçois*	*il cōçoit*	*no⁹ cōçeuōs*	*vo⁹ cōçeuez*	*ils cōçoiuēt*
apiébā	capiébas	capiébat	capiebám⁹	capiebátis	capiébant
cōçeuois	*tu cōçeuois*	*il cōçeuoit*	*no⁹ cōçeuiōs*	*vo⁹ cōçeuiez*	*ils cōçeuoiēt*
cápiam	cápies	cápiet	capiémus	capiétis	cápient
cōçeuray	*tu cōçeuras*	*il cōçeura*	*no⁹ cōceurōs*	*vo⁹ cōçeurez*	*ils cōçeurōt*
cepi	cepísti	cepit	cépim⁹	cepístis	cepérunt
'ay cōçeu	*tu as*	*il a*	*no⁹ auons*	*vo⁹ auez*	*ils ont*
céperam	céperas	céperat	ceperámus	ceperátis	céperant
i'auois conçeu	*tu auois*	*il auoit*	*no⁹ auiōs*	*vo⁹ auiez*	*ils auoient*

aúdio	audis	audit	audímus	audítes	aúdiunt
i'entend	*tu entend*	*il entend*	*no⁹ entēdiōs*	*vo⁹ entēdez*	*ils ent*
audiébā	audiébas	audiébat	audiebám⁹	audiebátis	audié
i'ētendois	*tu entēdois*	*il entēdoit*	*no⁹ entēdiōs*	*vo⁹ ētēdiez*	*ils ētēd*
aúdiam	aúdies	aúdiet	audiém⁹	audiétis	aúdient
i'entēdray	*tu ētēdras*	*il entēdra*	*no⁹ ētēdrōs*	*vo⁹ ētēdrez*	*ils ētē*
audíui	audiuísti	audíuit	audíuim⁹	audiuístis	iuérun
i'ay entēdu	*tu as*	*il a*	*no⁹ auōs*	*vo⁹ auez*	*ils ont*
audíuerā	audíueras	audíuerat	iuerámus	iuerátis	íuerant
i'auois entēdu	*tu auois*	*il auoit*	*no⁹ auiōs*	*vo⁹ auiez*	*ils auoie*

Subionctif.

'piam	cápias	cápiat	capiámus	capiátis	cápiant
cōçoiue	*tu cōçoiue*	*il cōçoiue*	*no⁹ cōçeuiōs*	*vous cōçeuiez*	*ils cōçoiuēt*
cáperem	cáperes	cáperet	caperém⁹	caperétis	cáperant
cōçeurois	*tu cōçeurois*	*il cōçeuroit*	*nous cōçeuriōs*	*vo⁹ conçeuriez*	*ils cōçeuroiēt*
épero	céperis	céperit	cepérim⁹	cepéritis	céperint
aurai cōçeu	*tu auras*	*il aura*	*no⁹ aurōs*	*vo⁹ aurez*	*ils auront*
céperim	céperis	céperit	cepérim⁹	cepéritis	céperint
aye cōçeu	*tu ayes*	*il ayt*	*no⁹ ayons*	*vo⁹ ayez*	*ils ayent*
cepíssem	cepísses	cepísset	cepissém⁹	cepissétis	cepíssent
aurois cōçeu	*tu aurois*	*il auroit*	*no⁹ auriōs*	*vo⁹ auriez*	*ils auroiēt*

aúdiam	aúdias	aúdiat	audiámus	audiátis	aúdiant
i'entende	*tu entende*	*il entende*	*no⁹ entēdiōs*	*vo⁹ ētēdiez*	*ils entēde*
audírem	audíres	audíret	audirémus	audirétis	audírent
i'ētēdrois	*tu ētēdrois*	*il entēdroit*	*no⁹ ētēdriōs*	*vo⁹ ētēdrez*	*ils entendroi*
audíuero	audíueris	audíuerit	iuérim⁹	audiuéritis	audíueri
i'auray entēdu	*tu auras*	*il aura*	*no⁹ aurōs*	*vo⁹ aurez*	*ils auron*
audíuerī	audíueris	audíuerit	iuérimus	audiuéritis	audíueri
i'aye entēdu	*tu ayes*	*il ayt*	*no⁹ ayons*	*vo⁹ ayez*	*ils ayent*
audiuíssē	audiuísses	audiuísset	iuissémus	iuissétis	iuíssent
i'aurois entendu	*tu aurois*	*il auroit*	*no⁹ auriōs*	*vo⁹ auriez*	*ils auroiēt*

cape *conçois* cápite *conçeuez* | audi *entends* audíte *entendez*

cápere	*conçeuoir*	audíre	*entendre*
captúrū esse	*deuoir conçeuoir*	auditúrū esse	*deuoir entendre*
cepísse	*auoir conçeu*	audiuísse	*auoir entendu*
cápiens	*conçeuant*	aúdiens	*entendant*
captúrus	*deuant conçeuoir*	auditúrus	*deuant entendre*

DE LA FORMATION DES TEMPS.

IL y a quatre temps principaux qui comme autãt de grosses branches produisent tous les autres. C'est pourquoy il importe de les bien cognoistre & les auoir d'abord deuant les yeux. Pour cet effet ie les vay icy estaler; & au dessous, ceux qui en sont formés.

TEMPS PRINCIPAVX D'OV LES AVTRES SONT FORMÉS			
Amo *i'aime*	**Amáui** *i'ay aimé*	**Amátũ** *aimer*	**Amáre** *aimer*
amábã *i'aimois*	amáuerã *i'auois aime*	amatúrũ *deuoir estre aimer*	ama *aime*
amábo *i'aimeray*	amáuero *i'auray a.*	amatúr⁹ *deuant aimer*	amans *aimãt*
amem *q. i'aime*	amáuerĩ *i'aye a.*		
amans *aimant*	amauíssẽ *i'aurois*		
	amauísse *auoir a.*		

ADVIS.

ALlez à la Liste de verbes, & prenez par ex. (seco) & tenant vostre veüe sur la table precedente vous direz (seco) forme (secabam secabo secem &c.)

2. ADVIS.

A Present vous pouuez & deuez Coniuguer toute sorte de verbes. Donc prenant encor par ex (seco) & ayant vostre veüe sur (amo) de la 1. table vous direz Indicat. Pres. (Seco secas secat &c.) Imparfait (secabam secabas &c.) Et ainsi de tous les autres verbes.

VERBE PASSIF.

POur formerle Parfait du Passif prenez le Participe du Preterit par exemple (amatus) formé du Supin (amatum,) Coniuguez (ſum es eſt) & le luy appliquez, vous aurez le Parfait Paſſif.

amátus ſum
amátus es
amátus eſt

Plurier

amáti ſumus &c.

Au Pluſque parfait coniuguez (eram.) Au Futur du Subionctif coniuguez (ero) Au Parfait, (ſim.) Au Pluſque parfait (eſſem.)

Les autres temps ſont formés de pareils temps de l'Actif, le Preſent du Preſent, l'Imparfait de l'Imparfait & ainſi des autres, changeant (m) en (r) au temps qui ſont terminés en (m.) Ou bien adiouſtant ſeulement (r) aux autres.

Notez que les troiſieſmes perſonnes du Paſſif, ſont formées de pareilles perſonnes de l'Actif, adiouſtant (ur) amat amátur, legunt legúntur, Remarquez auſſi que la ſeconde perſonne de l'Indicatif & de l'Imperatif Paſſif eſt formée de l'Infinitif Actif (amáre aimer, amáris tu es aimé, amáre ſois aimé. cápere prendre, cáperis tu es pris, cápere ſois pris.)

ADVIS.

COmparez l'Actif & le Paſſif enſemble, regardant l'vn & puis l'autre, là vous voyez (amo) icy (amor.) (Là amabam) icy (amabar.)

I. TABLE

	1.	2.	3.	4.
Ind.	amor áris	móneor éris	cápior èris	aúdior íris
	amábar áris	monébar áris	capiébar áris	audiébar áris
	amábor éris	monébor eris	cápiar éris	aúdiar éris
	amátus sũ	mónitꝰ sũ	captus sũ	audítus sũ
	amátus erã	mónitꝰ erã	captus erã	audítus erã
Sub.	amer éris	mónear áris	cápiar áris	áudiar áris
	amárer éris	monérer éris	cáperer éris	audírer éris
	amátus ero	mónitꝰ ero	captus ero	audítus ero
	amátus ſim	mónitꝰ ſim	captus ſim	audítus ſim
	amátꝰ eſſẽ	mónitꝰ eſſẽ	captꝰ eſſem	audítꝰ eſſẽ
Imp.	amáre	monére	cápere	audíre
Inf.	amári	monéri	capi	audíri
	amátum iri	mónitum iri	captum iri	audítum iri
	amátum eſſe	mónitum eſſe	captum eſſe	audítum eſſe
Part	amándus	monéndus	capiéndus	audiéndus
	amátus	mónitus	captus	audítus

áris átur ámur ámini ántur	eris ĭtur. ĭmur ímini úntur
éris étur émur émini éntur	íris ítur. ímur ímini úntur

Au Paſſif toutes les perſonnes en (ris) ont auſſi (re) (amaris) vel (amare, tu es aimé.)

ADVIS.

Reglez vous dans le Paſſif ſuiuant les Aduis de l'Actif.

2. TABLE.

Indicatif.

amor	amáris	amátur	amámur	amámini	amántur
amábar	amabáris	abátur	abámur	abámini	abántur
amábor	áberis	amábitur	ábimur	abímini	abúntur
amátꝰ ſũ	amátus es	átus eſt	áti ſumꝰ	áti eſtis	amáti sűt
amátꝰ erã	átus eras	átus erat	áti erámꝰ	áti erátis	áti erant

móneor	monéris	monétur	monémur	némini	moné
monébar	nebáris	nebátur	nebámur	nebámini	neb'
monébor	néberis	nébitur	nébimur	nebímini	nebú
mónitꝰ ſũ	nitus es	nitus eſt	niti ſumꝰ	niti eſtis	niti
mónitꝰ erã	nitus eras	nitꝰ erat	niti erámꝰ	niti erátis	niti

Subionctif.

amer	améris	amétur	amémur	amémini	améntur
amárer	amaréris	amarétur	rémur	rémini	réntur
amátꝰ ero	átꝰ eris	átus erit	áti érimꝰ	áti éritis	áti erunt
amátꝰ ſim	átus ſis	átus ſit	áti ſimus	áti ſitis	áti ſint
amátꝰ eſſẽ	átꝰ eſſes	átꝰ eſſet	áti eſſémꝰ	áti eſſétis	áti eſſẽt

mónear	moneáris	neátur	neámur	neámini	[illegible]
monérer	neréris	nerétur	nerémur	neréminі	[illegible]
mónitꝰero	nituseris	nitꝰerit	niti érimꝰ	niti éritis	niti
mónitꝰſim	nitus ſis	nitus ſit	niti ſimꝰ	nitus ſitis	[illegible]
mónitꝰeſſẽ	nitꝰeſſes	nitꝰeſſet	niti eſſémꝰ	niti eſſétis	[illegible]

L'Imperatif & Infinitif.

DV VERBE PASSIF.

Indicatif.

cápior	cãperis cãpitur cápimur capĩmini capiũtur	aúdior	audíris audítur audímur audímini diũnt
capiébar	capiebáris piebãturpiebãmurpiebámini piebãtur	audiébar	diebáris diebátur diebámur bámini diebá
cápiar	capiéris capiẽtur capiémur piémini piéntur	aúdiar	audiéris audiétur diémur diémini dién
captꝰ ſum	captꝰ es captꝰ eſt pti ſumꝰ capti eſtis pti ſunt	audítus sũ	audítꝰ es dítus eſt díti ſumꝰ díti eſtis díti ſ
captꝰ erã	captꝰerascaptꝰerat pti erámꝰ pti erátis pti erant	audítꝰerã	dítꝰ eras dítꝰerat díti erámꝰ dítierátis díti

Subionctif.

cápiar	capiãris capiãtur piãmur piãmini piãntur	aűdiar	audiáris audiátur diãmur diãmini audiã
cáperer	caperéris caperétur perémur perémini peréntur	audirer	audiréris audirétur dirémur dirémini dirén
captꝰ ero	captꝰ eris captꝰerit pti érimꝰ pti éritis pti erunt	auditꝰ ero	dítꝰ eris dítꝰerit díti érimꝰ díti éritisdíti e
captꝰ ſim	captꝰ ſis captꝰ ſit pti ſimꝰ capti ſitis capti ſint	audítꝰ ſim	auditꝰ ſis auditꝰſit díti ſimꝰ díti ſitis díti ſi
captꝰeſsẽ	captꝰeſſescaptꝰeſſetpti eſſémꝰpti eſſétis pti eſſẽt	audítꝰ eſsẽ	dítꝰeſſes dítꝰeſſet ti eſſémꝰ dítieſſétis díti e

Comme en la ſeconde Table.

3. TABLE

Indicatif.

amor *ie suis aimé*	amáris *tu es*	amátur *il est*	amámur *noꝰ sõmes*	amámini *voꝰ estes*	amántur *ils sont*	móneor *ie suis auerty*	monéris *tu es*	monétur *il est*	monémur *noꝰ sõmes*	némini *vous estes*	mo *ils*
amábar *i'estois aimé*	amabâris *tu estois*	abátur *il estoit*	abámur *noꝰ estiõs*	abámini *voꝰ estiez*	abántur *ils estoiẽt*	monébar *i'estois auerty*	nebáris *tu estois*	nebátur *il estoit*	nebámur *noꝰ estions*	nebámini *voꝰ estiez*	ne *ils*
amábor *ie seray aimé*	áberis *tu seras*	amábitur *il sera*	ábimur *noꝰ serons*	abímini *voꝰ serez*	abúntur *ils seront*	monébor *ie seray auerty*	néberis *tu seras*	nébitur *il sera*	nébimur *noꝰ serons*	nebímini *voꝰ serez*	ne *ils*
amátꝰ sũ *i'ay esté aimé*	amátꝰ es *tu as esté*	átus est *il à esté*	áti sumꝰ *noꝰ auõs esté*	áti estis *voꝰ auez esté*	amáti sũt *ils ont esté*	mónitꝰ sũ *i'ay esté auerty*	nitus es *tu as esté*	nitus est *il a esté*	niti sumꝰ *noꝰ auõs esté*	niti estis *voꝰ auez esté*	niti *ils*
amátꝰ erã *i'auois esté aimé*	átus eras *tu auois esté*	átus erat *il auoit esté*	áti erámꝰ *noꝰ auiõs esté*	áti erátis *voꝰ auiez esté*	áti erant *ils auoiẽt esté*	mónitꝰ erã *i'auois esté auerty*	nitus eras *tu auois esté*	nitꝰ erat *il auoit esté*	niti erámꝰ *noꝰ auiõs esté*	niti erátis *voꝰ auiez esté*	ni *ils esté*

Subionctif.

vt qi	amer *ie sois aimé*	améris *tu sois*	amétur *il soit*	amémur *noꝰ soiõs*	amémini *voꝰ soiez*	améntur *ils soient*	mónear *ie sois auerty*	moneáris *tu sois*	neátur *il soit*	neámur *noꝰ soyons*	neámini *voꝰ soyez*	ne *ils*
	amárer *ie serois aimé*	amaréris *tu serois*	amarétur *il seroit*	rémur *noꝰ seriõs*	rémini *voꝰ seriez*	réntur *ils seroiẽt*	monérer *ie serois auerty*	neréris *tu serois*	nerétur *il seroit*	nerémur *noꝰ serions*	nerémini *voꝰ seriez*	ne *ils*
cũ quã	amátꝰ ero *ie seray aimé*	átꝰ eris *tu seras*	átus erit *il sera*	áti érimꝰ *noꝰ serõs*	áti éritis *voꝰ serez*	áti erunt *ils seront*	mónitꝰ ero *ie seray auerty*	nitus eris *tu seras*	nitꝰ erit *il sera*	niti érimꝰ *noꝰ serons*	niti éritis *voꝰ serez*	ni *ils*
vt qi	amátꝰ sim *i'aye esté aimé*	átus sis *tu ayes esté*	átus sit *il ayt esté*	áti simus *noꝰ ayons esté*	áti sitis *voꝰ ayez esté*	áti sint *ils ayẽt esté*	mónitꝰ sim *i'aye esté auerty*	nitus sis *tu ayes esté*	nitus sit *il ayt esté*	niti simꝰ *noꝰ aiõs esté*	niti sitis *voꝰ ayez esté*	ni *ils*
	amátꝰ éssem *i'aurois esté aimé*	átꝰ esses *tu aurois esté*	átꝰ esset *il auroit esté*	áti essémꝰ *noꝰ auriõs esté*	áti essétis *voꝰ auriez esté*	áti essẽt *ils auroiẽt esté*	mónitꝰ essẽ *i'aurois esté auerty*	nitꝰ esses *tu aurois esté*	nitꝰ esset *il auroit esté*	niti essémꝰ *noꝰ auriõs esté*	niti essétis *voꝰ auriez esté*	ni *ils esté*

amáre	*sois aimé*	monére	*sois auerty*
amári	*estre aimé*	monéri	*estre auerty*
amátum íri	*deuoir estre aimé*	mónitum íri	*deuoir estre auerty*
amátum esse	*auoir esté aimé*	mónitum ésse	*auoir esté auerty*
amándus	*qui doit estre aimé*	monéndus	*qui doit estre auerty*

DV VERBE PASSIF.

Indicatif.

cápior	cáperis	cápitur	cápimur	capímini	capiúntur
ie ſuis cõçeu	*tu es*	*il eſt*	*noꝰ ſõmes*	*voꝰ eſtes*	*ils ſont*
capiébar	capiebáris	ebátur	ebámur	ebámini	ebántur
i'eſtois cõçeu	*tu eſtois*	*il eſtoit*	*noꝰ eſtiõs*	*voꝰ eſtiez*	*ils eſtoiẽt*
cápiar	capiéris	capiétur	capiémur	capiémini	capiéntur
ie ſeray cõçeu	*tu ſeras*	*il ſera*	*noꝰ ſerons*	*voꝰ ſerez*	*ils ſeront*
captꝰ ſum	captꝰ es	captꝰ eſt	pti ſumꝰ	capti eſtis	capti ſunt
i'ay eſté cõçeu	*tu as eſté*	*il a eſté*	*noꝰ auõs eſté*	*voꝰ auez eſté*	*ils ont eſté*
captꝰ erã	captꝰ eras	captꝰ erat	pti erámꝰ	pti erátis	capti erãt
i'auois eſté conçeu	*tu auois eſté*	*il auoit eſté*	*noꝰ auiõs eſté*	*voꝰ auiez eſté*	*ils auoient eſté*

aúdior	audíris	audítur	audímur	audímini	audiũ
ie ſuis ẽtẽdu	*tu es*	*il eſt*	*noꝰ ſõmes*	*voꝰ eſtes*	*ils ſon*
audiébar	audiebáris	ebátur	ebámur	ebámini	ebánt
i'eſtois ẽtẽdu	*tu eſtois*	*il eſtoit*	*noꝰ eſtiõs*	*voꝰ eſtiez*	*ils eſto*
aúdiar	audiéris	audiétur	audiémur	émini	audié
ie ſeray ẽtẽdu	*tu ſeras*	*il ſera*	*noꝰ ſerons*	*voꝰ ſerez*	*ils ſe*
audítꝰ ſũ	audítꝰ es	audítꝰ eſt	díti ſumꝰ	díti eſtis	audít
i'ay eſté ẽtẽdu	*tu as eſté*	*il a eſté*	*noꝰ auõs eſté*	*voꝰ auez eſté*	*ils on*
audítꝰ erã	dítꝰ eras	dítꝰ erat	díti erámꝰ	díti erátis	díti e
i'auois eſté entẽdu	*tu auois eſté*	*il auoit eſté*	*noꝰ auions eſté*	*voꝰ auiez eſté*	*ils au*

Subionctif.

cápiar	capiáris	capiátur	capiámur	piámini	capiántur
ie ſois cõçeu	*tu ſois*	*il ſoit*	*noꝰ ſoions*	*voꝰ ſoiez*	*ils ſoient*
cáperer	caperéris	caperétur	perémur	perémini	peréntur
ie ſerois cõçeu	*tu ſerois*	*il ſeroit*	*noꝰ ſeriõs*	*voꝰ ſeriez*	*ils ſeroiẽt*
cáptꝰ ero	captꝰ eris	captꝰ erit	pti érimꝰ	pti éritis	capti erũt
i'auray eſté cõçeu	*tu auras eſté*	*il aura eſté*	*noꝰ aurons eſté*	*voꝰ aurez eſté*	*ils auront eſté.*
captꝰ ſim	captꝰ ſis	captꝰ ſit	pti ſimꝰ	capti ſitis	capti ſint
i'aye eſté cõçeu	*tu ayes eſté*	*il ayt eſté*	*noꝰ ayõs eſté*	*voꝰ ayez eſté*	*ils aiẽt eſté*
cáptꝰ eſſẽ	captꝰ eſſes	captꝰ eſſet	pti eſſémꝰ	pti eſſétis	capti eſſét
i'aurois eſté cõçeu	*tu aurois eſté*	*il auroit eſté*	*noꝰ auriõs eſté*	*voꝰ auriez eſté*	*ils auroiẽt eſté*

aúdiar	audiáris	audiátur	audiámur	diámini	audiá
ie ſois entẽdu	*tu ſois*	*il ſoit*	*noꝰ ſoions*	*voꝰ ſoiez*	*ils ſ*
audírer	audiréris	audirétur	dirémur	dirémini	dirér
ie ſerois ẽtẽdu	*tu ſerois*	*il ſeroit*	*noꝰ ſerions*	*voꝰ ſeriez*	*ils ſe*
audítꝰ ero	dítꝰ eris	dítꝰ erit	díti érimꝰ	díti éritis	díti e
ie ſeray ẽtẽdu	*tu ſeras*	*il ſera*	*noꝰ ſerõs*	*voꝰ ſerez*	*ils ſe*
audítꝰ ſim	audítꝰ ſis	audítꝰ ſit	díti ſimꝰ	díti ſitis	díti ſ
i'aye eſté entẽdu	*tu ayes eſté*	*il ayt eſté*	*noꝰ ayõs eſté*	*voꝰ ayez eſté*	*ils*
audítꝰ eſſẽ	dítꝰ eſſes	dítꝰ eſſet	díti eſſémꝰ	díti eſſétis	dí
i'aurois eſté entẽdu	*tu aurois eſté*	*il auroit eſté*	*noꝰ auriõs eſté*	*voꝰ auriez eſté*	*ils a*

cápere	*ſois conçeu*	audíre	*ſois entendu*
capi	*eſtre conçeu*	audíri	*eſtre entendu*
cáptum iri	*deuoir eſtre conçeu*	audítum iri	*deuoir eſtre entendu*
captum eſſe	*auoir eſté cõçeu*	audítum eſſe	*auoir eſté entendu*
capiéndus	*qui doit eſtre conçeu*	audiéndus	*qui doit eſtre entendu*

APPENDIX DES VERBES.

TOVCHANT L'INDICATIF ET IMPERATIF.

LE Parfait Indicatif Actif fait non ſeulement (érunt) mais auſſi (ére.) amauérunt vel amauêre, ils ont aimé.

Ici il faut ſçauoir que l'Imperatif Actif & Paſſif à vn Futur qui n'a que la ſeconde & troiſieſme perſonne tant au Singulier comme au Plurier.

FVTVR IMPERATIF ACTIF.

tu	amáto *aime*	monéto *auertis*	cápito *cõçois*	audíto *entend*
ille	amáto *qu'il aime*	monéto *qu'il auertiſſe*	cápito *qu'il cõçoiue*	audíto *qu'il ẽtẽde*
vos	amatóte *aimez*	monetóte *auertiſſez*	capitóte *cõceuez*	auditóte *entendez*
illi	amãto *qu'ils aimẽt*	monénto *qu'ils auertiſſẽt*	capiũto *qu'ils cõçoiuẽt*	audiũto *qu'ils ẽtẽdes.*

FVTVR IMPERATIF PASSIF.

tu	amátor *ſois aimé*	monétor *ſois auerty*	cápitor *ſois pris*	audítor *ſois ẽtẽdu*
ille	amátor *qu'il ſoit aimé*	monétor *qu'il ſoit auerty*	cápitor *qu'il ſoit pris*	auditor *qu'il ſoit entẽdu*
vos	amáminor *ſoiez aimés*	monéminor *ſoiez auertis*	capíminor *ſoiez pris*	audíminor *ſoiez ẽtẽdus*
illi	amãtor *qu'ils ſoiẽt aimés*	monéntor *qu'ils ſoiẽt auertis*	capiúntor *qu'ils ſoiẽt pris*	audiúntor *qu'ils ſoient ẽtẽdus*

TOVCHANT L'INFINITIF.

Ie mets ici les Gerondifs & Supins que i'auois retranchés de l'Infinitif pour plus grande netteté.

GERONDIFS.

amándi *d'aimer*	monéndi *d'auertir*	capiĕndi *de cõceuoir*	audiéndi *d'entendre*
amándo *en aimãt*	monĕdo *en auertiſ.*	capiĕdo *encõceuant*	audiéndo *en entẽdãt*
amándũ *il faut ai*	monĕdũ *il faut ai.*	capiĕndũ *il faut cõç.*	audiĕdũ *il faut en.*

SVPINS.

Act.	amátũ *aimer*	mónitũ *auertir*	captũ *conceuoir*	audítum *entendre*
Paſſ.	amátu *d'eſtre aimé*	mónitu *d'eſtre a.*	captu *d'eſtre cõçeu*	audítu *d'eſtre entendu,*

VERBES IRREGVLIERS.

ON appelle verbes Irreguliers, ceux qui ne ſuiuent pas les regles, & ſe coniuguent autrement que les quatre precedents. Ie coucheray ici ſeulement leurs temps qui ſont anomaux & difficiles.

ire *aller*	velle *vouloir*	nolle *ne vouloir*	malle *aimer mieux*
eo, is, it imus itis, eunt. *ie vay tu vas il va noꝰ al-*	volo vis vult, vólumus vultis volunt, *ie veux*	nolo non vis non vult, nólumꝰ nõ vultis nolũt,	malo mauis mauult ma lumꝰ mauultis malunt,
ibam *i'allois* as	volébam *ie voulois* as	nolébã *ie ne v.* as	malébam as
ibo *i'iray* is	volam *ie voudray* es	nolam *ie ne v.* es	malam es
iui *ie suis allé* isti	vólui *i'ay voulu* isti	nólui *ie n'ay v.* isti	málui isti
íueram *i'estois allé.* as	volúerã *i'auois voulu* as	nolúerã *ie n'auois v.* as	malúeram as
eam *que i'aille* as	velim *q; ie vueille* is	nolim *que ie ne v.* is	malim is
irem *i'irois* es	vellem *ie voudrois* es	nollem *ie ne v.* es	mallem es
íuero *quãd ie seray* is	volúero *i'auray voulu* is	nolúero *ie n'auray v.* is	malúero is
íuerim *q; ie sois allé* is	volúerĩ *i'aye voulu* is	nolúerĩ *ie n'aye v.* is	malúerim is
iuissem *ie serois allé* es	voluíssẽ *i'aurois v.* es	noluíssẽ *ie n'auois v.* es	maluissem es
I. *va* Ito *va ou qu'il aille* íte *allez* eũto *qu'ils aillẽt*		noli nolíto, *ne vueille.* nolíto *qu'il ne vueille* nolíte nolitóte.	
ire *aller* itúrum esse *deuoir aller* iuísse *estre allé*	velle *vouloir* voluísse *auoir voulu*	nolle *ne vouloir* noluísse *n'auoir voulu*	malle maluísse
iens, eúntis *allant* itúrꝰ *deuãt aller.* sup. itũ *aller.*	volens *voulant.*	nolens *ne voulant.*	
eúndi eúndo eúndum *d'aller en allãt il faut aller*	volẽdi volẽdo, volẽdũ *de vouloir en v. il faut v.*	nolẽdi, nolẽdo, nolẽdũ *de ne vouloir en ne voulãt. Il ne faut v.*	

ferre *porter*	posse *pouuoir*	edere *manger*
fero. fers. fert. férimꝰ. fertis ferũt *ie porte tu portes il &c.*	possũ potes potest possũmꝰ potestis possunt *ie peux*	edo edis vel es édit vel est édimꝰ. éditis edũt *ie mãge.*
ferébam *ie portois* as	póterã *ie pouuois* as	edébam *ie mangeois* as
feram *ie porteray* es	pótero *ie pourray* is	edam *ie mangeray* es
tuli *i'ay porté* isti	pótui *i'ay peu* isti	edi *i'ay mangé* isti
túleram *i'auois porté* as	potúerã *i'auois peu* as	éderam *i'auois m.* as
feram *que ie porte* as	possim *ie puisse* is	edam *ie mange* as
ferrem *ie porterois* es	possem *ie pourois* es	éderem *ie mangerois* es
túlero *i'auray porté* is	potúero *i'auray peu* is	édero *i'auray mãgé* is
túlerim *q. i'aye porté* is	potúerĩ *i'aye peu* is	éderim *i'aye mangé* is
tulissem *i'aurois porté* es	potuíssẽ *i'aurois peu* es	edissem *i'eusse mãgé* es
fer ferto *porte* ferte fertote *portez* ferũto *qu'ils portent*		ede vel es. Edito *mange* edito *mãge, qu'il mãge.*
ferre *porter*	posse *pouuoir*	édere & esse *manger*
latúrũ esse *deuoir porter*		
tulisse *auoir porté*	potuísse *auoir peu*	edisse *auoir mangé*
ferens *portant*	potens *pouuant*	edens *mangeant*
láturꝰ *deuant porter* Sup. latũ *porter*		
feréndi ferẽdo ferẽdũ *de porter, en portãt, il faut p.*		

VERBES

DEFECTIFS.

a qui manque quelque temps ou personne.

Inquam ou ínquio *dis-ie*, inquis inquit ínquimus ínquitis ínquiunt.
Inquiébam *disoisie &c.*
Inquies *diras tu.*
ínquiet ínquient.
Inquiens *disant.*

Aio *ie dis.*
aio ais ait áimus áitis aiunt.
aiébam *ie disois &c.*
aisti *tu as dit.*
ai *dy.*

Forem *ie serois.*
forem fores, foret, forent *ie serois tu serois il seroit ils seroient.*

Faxo *ie feray.*
faxim is it. faximus faxitis faxint.
q. ie face que tu faces &c
ausim is it. *&c. i'oserois.*

Quæso *ie prie.*
quæsumus *nous prions.*

Aue auéte
salue saluéte.
bon iour.

Infit *dit-il.*

Vale valéte *A Dieu.*

ACTIF. PASSIF.

Indicatif.

Actif						Passif					
lego	legis	legit	légimus	légitis	legunt	legor	légeris	légitur	légimur	legímini	legúntur
ie lis	*tu lis*	*il lit*	*noꝰ lisõs*	*voꝰ lisez*	*ils lisẽt*	*ie suis leu*	*tu es*	*il est*	*noꝰ sõmes*	*voꝰ estes*	*ils sont*
legébam	legébas	legébat	legebámꝰ	legebátis	legébant	legébar	legebáris	legebátur	ebámur	ebámini	ebántur
ie lisois	*tu lisois*	*il lisoit*	*nous lisiõs*	*voꝰ lisiés*	*ils lisoiẽt*	*i'estois leu*	*tu estois*	*il estoit*	*noꝰ estiõs*	*voꝰ estiez*	*ils estoiẽt*
legam	leges	leget	legémus	legétis	legent	legar	legéris	legétur	legémur	legémini	legéntur
ie liray	*tu liras*	*il lira*	*noꝰ lirons*	*voꝰ lirez*	*ils lirõt*	*ie seray leu*	*tu seras*	*il sera*	*noꝰ serons*	*voꝰ serez*	*ils seront*
legi	legísti	legit	légimus	legístis	legérunt	lectus sũ	lectus es	lectꝰ est	lecti sumꝰ	lecti estis	lecti sũt
i'ay leu	*tu as leu*	*il a leu*	*noꝰ auõs*	*voꝰ auez*	*ils sont leu*	*i'ay esté leu*	*tu as esté*	*il a esté*	*noꝰ auõs esté*	*voꝰ auez*	*ils ont esté*
légeram	légeras	légerat	legerámꝰ	legerátis	légerant	lectus erã	lectꝰ eras	lectꝰ erat	cti erámꝰ	cti erátis	lecti erãt
i'auois leu	*tu auois*	*il auoit*	*noꝰ auiõs*	*voꝰ auiez*	*ils auoiẽt*	*i'auois esté leu*	*tu auois*	*il auoit*	*noꝰ auiõs*	*voꝰ auiez*	*ils auoiẽt*

Subionctif.

Actif						Passif					
legam	legas	legat	legámus	legátis	legant	legar	legáris	legátur	legámur	legámini	legántur
qi ie lise	*tu lises*	*il lise*	*noꝰ lisiõs*	*voꝰ lisiez*	*ils lisent*	*ie sois leu*	*tu sois*	*il soit*	*nous soyons*	*voꝰ soyez*	*ils soyent*
légerem	légeres	légeret	legerémꝰ	legerétis	légerent	légerer	legeréris	legerétur	erémur	erémini	eréntur
ie lirois	*tu lirois*	*il liroit*	*noꝰ liriõs*	*voꝰ liriez*	*ils liroiẽt*	*ie serois leu*	*tu serois*	*il seroit*	*noꝰ seriõs*	*voꝰ seriez*	*ils seroiẽt*
légero	légeris	légerit	legérimꝰ	legéritis	légerint	lectꝰ ero	lectꝰ eris	lectꝰ erit	lecti erimꝰ	lecti éritis	lecti erũt
quãd i'auray leu	*tu auras*	*il aura*	*noꝰ aurõs*	*voꝰ aurez*	*ils aurõt*	*i'auray esté leu*	*tu auras*	*il aura*	*noꝰ aurõs*	*voꝰ aurez*	*ils auront*
légerim	légeris	légerit	legérimꝰ	legéritis	légerint	lectꝰ sim	lectꝰ sis	lectus sit	lecti simꝰ	lecti sitis	lecti sint
qi i'aye leu	*tu ayes*	*il ayt*	*nous ayõs*	*voꝰ ayez*	*ils ayent*	*i'aye esté leu*	*tu ayes esté*	*il ayt esté*	*noꝰ ayõs esté*	*voꝰ ayez*	*ils ayẽt*
legíssem	legísses	legísset	legissémꝰ	legissétis	legíssent	lectꝰ essẽ	lectꝰ esses	lectꝰ esset	lecti essémꝰ	cti essétis	cti essẽt
i'aurois leu	*tu aurois*	*il auroit*	*noꝰ auriõs*	*voꝰ auriés*	*ils auroi*	*i'aurois esté*	*tu aurois*	*il auroit*	*noꝰ auriõs*	*voꝰ auriez*	*ils auroiẽt*

Actif		Passif	
lege	*lis* légite *lisez*	légere	*sois leu*
légere	*lire*	legi	*estre leu*
lectúrum esse	*deuoir lire*	lectum iri	*deuoir estre leu*
legisse	*auoir leu*	lectum esse	*auoir esté leu*
legens	*lisant*	lectus	*leu*
lectúrus	*deuant lire*	legéndus	*deuant estre leu.*

I'ay mis icy la Coniugaison du verbe (lego.) Permis de le prendre au lieu de (capio.)

VERBES FRANCOIS IRREGVLIERS,

ET AVTRES DIFFICILES A FORMER.

AVx Coniugaisons Françoises, i'ay suiui la Grammaire de Monsieur Oudin, qui est celle que i'ay trouuée la plus exacte,& la plus parfaite de toutes les Grammaires Françoises. Pour les verbes Irreguliers, i'ay consulté ceux qui m'en pouuoiēt esclaircir Les tēps que vous ne rencontrez pas icy, sont faciles a trouuer ou se forment regulierement.

ABsoudre. l'absous, tu absous, il absout; nous absoluons &c. le Plurier n'est gueres en vsage: Parfait, i'ay absout, ou i'ay absous, car on dit, il a esté renuoié absous: l'absolus n'est pas en vsage, Fut. i'absoudray.

Acquerir. I'acquiers, tu acquiers, il acquiert, nous acquerons, vous acquerez, ils acquierent. Parf. Indef. i'ay acquis, Fut. i'acquerray. Conquerir de mesme, & Requerir.

Aller. Ie vay, tu vas, il va, &c. Parf. ie suis allé ou i'ay esté, i'allay, Plusq. i'estois allé ou i'auois esté, Imperatif, va, allez.

Asseoir, Ie m'assieds, tu t'assieds, il s'assied, nous nous asseyons &c. ou bien ie m'asseois, tu t'asseois &c. Imp. ie m'assēois ou ie m'asseyois &c. nous nous asseyons &c. ie me suis assis, ie m'assis, ie m'asseoiray ou ie m'asseyeray, Il le faut prononcer comme s'il s'escriuoit, ie m'asseray, Imper. assied toy, asseyez vous.

Attraire. I'attrays, tu attrays &c. i'attrayois, i'ay attrait, i'attrairay. Pour le reste, seruez vous du verbe (attirer.)

Bouillir. Ie bouls, tu bouls, il boult, nous bouillons, vous bouillez, ils bouillent, Ie bouillois, i'ay bouillis, ie bouillis, ie bouilliray.

Boire. Ie bois, nous beuuons &c. i'ay beu, ie beus, ie boiray.

Cheoir, Ie cheois, tu cheois, il cheoit ou chet, nous chéons, vous chéez, ils chéent ou cheoient. La 1. personne n'est pas vsité, le reste n'est gueres en vsage que parmi le peuple. Ie chéois, ie suis cheu, ie cheus, ie chéeray.

Clorre. Ie clos, tu clos, il clost, nous fermons, &c. i'ay clos, ie cloray, l'Inf. & Futur en vsage en certaines significations, Clorre vn conte, clorre vn champs.

Circoncir. Ie circoncis nous circoncisons, &c.

Conclure. Ie concluds, Par. def. ie conclus, ie concluray.

Connoistre, ie connois, nous connoissons &c. Parf. i'ay conneu, ie conneus.

Coudre, ie couds, tu couds, il coud, nous cousons &c. i'ay cousu, ie cousus ou ie cousis, ie coudray.

Courir & courre. Ie cours tu cours, il court &c. i'ay couru, ie courus, ie courray.

Couurir. Ie couure, tu couures &c. i'ay couuert, ie couuris.

Craindre. Ie crains, tu crains, il craint, nous craignons, &c. i'ay craint, ie craignis.

Croire. Ie croy, tu crois, il croit.

Cueillir. Ie cueilliray, Toutefois tout le monde prononce, ie cueilleray & fait on le mesme en d'autres semblables.

Cuire. Ie cuis, tu cuis, il cuit, nous cuisons, &c. i'ay cuit, ie cuisis, ie cuiray.

Departir. Ie departs, tu departs, &c. ie departois, i'ay departi, ie departis, ie departiray.

Dire. Ie dy, ou ie dis, tu dis, &c. i'ay dit, ie dis. Au Subionct. die ou dise, Afin que ie me die ou dise. Mais maudire fait nous maudissons.

Escrire. I'escris, i'ay escris, i'escriuis.

Faillir, Ie fauls, tu fauls, il faut, nous faillons, &c. i'ay failli, ie faillis, ie faudray, manquer a pris sa places.

Faire. Ie fay ou ie fais, tu fais, il fait, nous faisons, vous faites, ils font, i'ay fait, ie fis, ie feray. Subionct. ie fasse.

Frire. Ie fris, tu fris, il frit, nous frions, car frisons ou fricassons ne sont pas propres, ie friois, i'ay frit, ie friray.

Fuire, Ie fuy ou fuis, Parf. i'ay fuit, iefuis.

Lire. Ie ly, ou ie lis, tu lis, il lit, &c. i'ay leu, ie leus.

Laisser. Ie laisse, &c. ie laisseray & lairray, le reste regulier.

Luire. I'ay luy non pas luit.

Mentir. Ie ments, tu ments, il ment, &c.

Mettre. Ie mets, tu mets, il met. nous mettons &c. i'ay mis, ie mis.

Moudre. Ie moulds, tu moulds, il moud, nous moulons &c, i'ay moulu, ie moulus, ie moudray.

Mourir. Ie meurs, tu meurs, &c. ie mourois, ie suis mort, ie mourus, ie mour ray.

Naistre. Ie nais, &c. Parf. Indef. ie suis né ou nay. Ie nacquis.

Nuire. I'ay nuy non pas nuit.

Offrir. I'offre &c. i'ay offert.

Ouir. I'oy ou i'ois, tu ois, il oit, nous oyons, vous oyez, ils oyent, I'oyois i'ay ouy, i'ouis, i'oiray. Entendre a pris sa place, quoy qu'iniustement : car il ne se deuroit dire que de la conception de l'esprit, & ouyr de l'action de l'oreille.

Paistre. Ie pais, tu pais, il paist, nous paissons, &c. ie paissois, i'ay fait paistre, ie fis paistre, ie paistray.

Paroistre. Ie parois, tu parois, il paroist, nous paroissons, le reste est regulier, ainsi cognoistre, croistre, comparoistre.

Partir. Ie pars, tu pars, il part, nous partons &c.

Peindre comme craindre. Ie peins. nous peignons &c.

Plaire. Ie plais, i'ay pleu, ie pleus.

Pleuuoir, imperſonel Il pleut, il pleuuoit, il a pleu, il pleut, il pleura.

Polluer. I'ay pollu non pas pollué.

Pondre, Ie ponds, tu ponds, il pond nous pondons. &c. i'ay pondu, ie pondis ie pondray.

Prendre. Ie prends, tu prends, il prend. Parf Def. ie pris, ils prirent, & non, prindrent.

Puer, Ie pus, tu pus, il put, nous puons, vous puez, ils puent, Ie puois, ie pueray. Seruez vous de (ſentir mauuais) il eſt plus honneſte.

Querir n'a que l'Infinitif.

Récourre. Ie récous, tu récous, il récout, nous recourons &c. i'ay récous, ie récous, ie récourray.

Repentir. Ie me repents, tu te repents, il ſe repent, &c.

Reſoudre. Ie reſous, tu reſous, il reſout, nous reſoluons &c. I'ay reſout la tumeur, la difficulté, mais en l'autre ſignification, i'ay reſolu de partir, on dit auſſi i'ay reſolu la difficulté, ie reſoudray.

Saillir eſt bon en l'Inf. Ie reſte eſt ſurañé. On dit toutefois, l'eau saillit, le ſang ſaillit au Preſent & au Parfait. Son compoſé eſt en vſage.

Treſſaillir ie treſſaults tu treſſaults, il treſſault, nous treſſaillons &c on dit auſſi ie treſſaille &c. ie treſſaillois, i'ay treſſailli, ie treſſaillis, ie treſſailliray.

Sçauoir. Ie ſçay, tu ſçais, il ſçait, nous ſçauons, &c. i'ay ſçeu, ie ſçeus, ie ſçauray, Imperf. ſçache ſçachez.

Sentir. Ie ſents, tu ſents il ſent &c.

Seruir. Ie ſers, tu ſers, il ſert, &c.

Sortir. Ie ſors, tu ſors, il ſort, & non pas ſorte, ie ſuis ſorty & i'ay ſorty.

Soudre vne queſtion, le reſte ne ſe dit pas, il faut auoir recours à (reſoudre)

Souſtraire. Ie ſouſtrais, tu ſouſtrais, il ſouſtrait, nous ſouſtrayons &c. ie ſouſtrayois, i'ay ſouſtrait, ie ſouſtrairay.

Suffir. Ie ſuffis, tu ſuffis, il ſuffit, nous ſuffiſons &c. ie ſuffiſois, i'ay ſuffy, ie ſuffiray.

Surſeoir. Ie ſurſieds, tu ſurſieds, ou ie ſurſeois. Imp. ie ſurſéois, i'ay ſurſis, ie ſurſis, ie ſurſéeray ou ie ſurſeoiray.

Tenir, Parf. Def. ie tins, tu tins, il tint, nous tinſmes, vous tinſtes, ils tindrent, on prononce, tinrent.

Tordre. Ie tors, comme mordre, ie tordois, i'ay tordu, ie tordis, ie tordray.

Traire. Ie trays &c. ie trayois, i'ay trait, ie trairay.

Vaincre. Ie vaincs; tu vaincs, il vainc, le Singulier ne ſe dit pas, mais bien, nous vainquons, vous vainquez &c. i'ay vaincu, ie vainquis. Son compoſé eſt bon, ie conuaincs, tu conuaincs, il conuainc. &c.

Valoir. Ie vaus, tu vaus, il vaut, &c.

Veſtir ie veſts, tu veſts, nous veſtons, & ie me veſts. Inueſtir comme auertir, Regulier par tout.

Voir. Ie voy ou vois, ie veis, ou ie vis, Ie verray,	Vouloir. Ie veus, tu veus, &c. ie voulus, ie voudray. Imper. vueille.

Touchant l'Imperatif de ces Verbes, il eſt de meſme que l'Indicatif, oſtant (s) Tu connois, connoy. Ou bien il eſt ſemblable ſelon aucuns. Tu rends, rends.

Quant au Subionctif, voiez page 46.

APPENDIX DES DECLINAISONS ET DES GENRES.

LES NOMS IRREGVLIERS DE LA PREMIERE DECLINAISON.

Il a esté dit que la premiere Declinaison n'auoit qu'Vne seule terminaison au Nominatif, à sçauoir (a.) Maintenant Vous deuez sçauoir qu'elle comprend aussi certains noms tirez du Grec, terminez en (as, es, e) qui se declinent comme les exemples suiuants.

Singulier.

n.	ænéas	Anchises	Penélope
g.	ænéæ	Anchisæ	Penélopes
d.	ænéæ	Anchisæ	Penélope
ac.	ænéam & ænéan.	Anchisen	Penélopen
v.	ænéa	Anchise	Penélope
ab.	ænéa	Anchise	Penélope.

Les noms Grecs qui se terminent en (s) au Nominatif retranchent cette (s) au Vocatif (ænéas) Voc (ænéa.) Ces noms & autres semblables, estans noms propres n'ont point de Plurier. Ou s'ils en ont, ils suiuent la premiere en cette sorte.

Plurier.

Anchísæ
Anchisárum
Anchísis
Anchísas.

DE LA SECONDE.

Vous auez appris que les noms en (us) de la deuxiesme ont (e.) au Vocatif (Dominus Domine) Icy est a noter, que les noms propres d'hommes terminés en (ius) en ostant (us) du Nominatif font (i) au Vocatif.

n.	*Cláudius*	*Vincéntius*	*Lauréntius*
v.	*Claudi*	*Vincénti*	*Lauréntí*
	Claude	*Vincent*	*Laurent.*

Deus fait Deus : filius fili : meus mi.

DE LA TROISIESME.

En la troisiesme Declinaison l'Accusatif est en (em) l'Ablatif en (e) (pater patrem patre.) Toutesfois les noms compris en ces vers ont en l'Accusatif (im) en l'Ablatif (i.)

Dant Araris sitis (im) tussis vis Tigris amussis
Peluis decussis ramis Tiberisque securis.

Exemples.

n.	*vis*	*tussis*	*peluis*	*sitis*	*secúris*	*amússis*	*decússis*	*áraris*
g.	*vis &c.*	*tussis &c.*	*peluis*	*sitis*	*secúris*	*amússis*	*decússis*	*áraris*
ac.	*vim*	*tussim*	*peluim*	*sitim*	*secúrim*	*amússim*	*decússim*	*árarim*
fig.	*force*	*toux*	*baßin*	*soif*	*hache*	*cordeau regle*	*piece de 10. sols*	*riuiere de Saône*

Ces autres noms que ie vay comprendre außi en vers ont (em ou im) en l'Accusatif & (e) ou (i) en l'Ablatif.

Turris (em im) puppis nauis seu restis aqualis
Et febris & clauis. De quarto sextus m aufert.

Exemples.

n.	puppis	nauis	restis	aquális	turris	febris	clauis
g.	puppis	nauis	restis	aquális	turris	febris	clauis
sig.	pouppe de nauire	nauire	corde	esguiere	tour	fieure	clef.
ac.	puppem & puppim	&c.					

Les noms de mois ont seulement (i) en l'Ablatif (Aprílis Aprili Septémber Septembri.)

DE LA QVATRIESME.

Il a esté dit que la quatriesme n'auoit qu'vne seule terminaison a sçauoir (us) A present nous disons qu'elle en a encore vne a sçauoir (u) qui ne change pas en tous les cas du Singulier. Ex. (cornu corne, genu, genou.) Ces noms en (u) estant neutres font (ua) au Plurier.

	Sing.	Plur.	Sing.	Plur.
n. v.	cornu	córnua	genu	génua
g.	cornu	córnuum	genu	génuum
d.	cornu	córnibus	genu	génibus
ac.	cornu	córnua	genu	génua.

Voila les principales exceptions & les plus necessaires. Pour les autres noms irreguliers, c'est vne matiere trop embrouillée pour le ieune apprenti. Quand il aura confirmé par vsage ces regles & Exceptions plus generales, estant vn petit plus auancé en aâge, il poura mieux se deueloper des espines qu'il y a aux Exceptions particulieres.

NOMS EXCEPTEZ
DES GENRES.

Hoc	robur	róboris	*chesne*
hoc	acer	áceris	*erable*
hoc	thus	thuris	*encens*
hoc	ſuber	ſúberis	*du liege*
hic & hæc	rubus	rubi	*ronce*
hæc	caro	carnis	*de la chair*
hæc	arbor	árboris	*arbre*
hoc	cor	cordis	*le cœur*
hoc	ador	indeclinable	*pur fromẽt*
hoc	marmor	mármoris	*du marbre*
hoc	æquor	æquoris	*la mer*
hoc	vber	úberis	*mammelle*
hoc	iter	itíneris	*chemin*
hoc	ver	veris	*printemps*
hoc	cadáuer	cadáueris	*corps mort*
hoc	tuber	túberis	*truſle*
hoc	verber	vérberis	*fouet*
hoc	piper	píperis	*poiure*
hæc	cos	cotis	*pierre a aiguiſer*
hæc	dos	dotis	*doüaire*
hoc	melos	indeclinable	*melodie*

hoc	chaos	indeclinable	*confuſiõ de toutes choſes*
hoc	os	oris	*la bouche*
hoc	os	oſſis	*vn os*
hæc	domus	domus	*maiſon*
hæc	penus	penus	*prouiſion*
hæc	colus	colus	*quenouille*
hæc	acus	acus	*aiguille*
hæc	vannus	vanni	*van*
hæc	manus	manus	*la main*
hæ	Idus	íduum	*les Ides*
hæc	humus	humi	*la terre*
hæc	tribus	tribus	*tribu*
hæc	ficus	ficus	*figue*
hæc	aluus	alui	*le ventre*
hæc	pórticus	pórticus	*gallerie*
hoc	virus	indeclinable	*poiſon*
hoc	pélagus	pélági	*haute mer*
hic & hoc	vulgus	vulgi	*la populace*
hic, hæc, hoc,	ſpecus	ſpecus	*cauerne*
hic	cométa	cométæ	*comette*
hic	planéta	planétæ	*planette*

hoc	Paſcha	Paſchæ ou Páſchatis	*Paſque*
hoc	manna	indeclinable	*la manne*
hic	cardo	cárdinis	*gond*
hic	ordo	órdinis	*ordre*
hoc	pondo	indeclinable	*pois d'vne liure*
hic	ligo	ligónis	*hoyau*
hic	ádamas	adamántis	*diamant*
hic	as	aſſis	*vn ſol*
hoc	fas	indeclinable	*choſe licite*
hoc	nefas	indeclinable	*choſe illicite*
hoc	vas	vaſis	*vaiſſeau*
hic	poples	póplitis	*iarret*
hic	limes	límitis	*borne*
hic	ſtipes	ſtípitis	*trõc d'arbre*
hic	páries	paríetis	*paroy, mur*
hic	fomes	fómitis	*meſche*
hic	pes	pedis	*pied*
hic	palmes	pálmitis	*branche de vigne*
hic	trames	trámitis	*ſentier*
hic	gurges	gúrgitis	*gouffre*
hic	termes	térmitis	*vn rameau auec le fruict*
hic	magnes	magnétis	*aimant*
hic	vepres	vepris	*buiſſon*
hic	tapes	tapétis	*tapis*
hic	lebes	lebétis	*chaudron*
hic	ceſpes	céſpitis	*gazon*
hoc	æs	æris	*airain*

hic & hæc	dies	diéi	*vn iour*
hic	caſſis	caſſis	*filé*
hic	poſtis	poſtis	*poſteau*
hic	enſis	enſis	*eſpée*
hic	aquális	aquális	*aiguiere*
hic	puluis	púlueris	*poudre*
hic	vermis	vermis	*ver*
hic	caulis	caulis	*tige d'herbe*
hic	collis	collis	*tertre*
hic	axis	axis	*eſſieu*
hic	orbis	orbis	*vn rond*
hic	callis	callis	*chemin*
hic	follis	follis	*ballõ, ſoufflet*
hic	fuſtis	fuſtis	*baſton*
hic	lapis	lápidis	*pierre*
hic	piſcis	piſcis	*poiſſon*
hic	vnguis	vnguis	*ongle*
hic	torris	torris	*tiſõ bruſlé*
hic	ſanguis	ſánguinis	*du ſang*
hic	vectis	vectis	*vn leuier*
hic	canális	canális	*canal*
hic	torquis	torquis	*collier*
hic	menſis	menſis	*vn mois*
hic	Aprílis	Aprílis	*Auril*
hic	faſcis	faſcis	*faiſſeau*
hic	calix	cálicis	*calice*
hic	fornix	fórnicis	*fourneau*

hic	pollex	póllicis	*poulce*
hic	apex	àpicis	*le ſommet*
hic	vertex	vérticis	*le ſommet*
hic	caudex	caúdicis	*trõc d'arbre*
hic	codex	códicis	*caier*
hic	thorax	thorácis	*pourpoint*
hic	ramex	rámicis	*rupture*
hic	latex	láticis	*liqueur*
hic	quincunx	quincũcis	*cinq onces*
hic	obex	óbi[illegible]	*verrou*
hic	grex	gregis	*troupeau*
hic	frutex	frúticis	*arbriſſeau*
hic & hæc	cortex	córticis	*eſcorce*
hic & hæc	ſilex	sílicis	*caillou*
hic & hæc	pumex	púmicis	*pierre põce*
hic & hæc	calx	calcis	*le talon*
hic	único	vniónis	*vne perle*
hic	dens	dentis	*dent*
hic	chalybs	chálybis	*acier*
hic	mons	montis	*montagne*
hic	adeps	ádipis	*graiſſe*
hic	quadrans	quadrãtis	*vn quart*

hic	fons	fontis	*fontaine*
hic	pons	pontis	*vn pont*
hic	hydrops	hydrópis	*hydropiſie*

♔♔:♔♔♔♔♔:♔♔♔:♔♔♔♔

hic & hoc	ſal	ſalis	*du ſel*
hic	Sol	Solis	*le Soleil*
hic	ſplen	ſplenis	*la rate*
hic	pecten	péctinis	*peigne*
hic	ren	renis	*rein*
hic	furfur	fúrfuris	*du ſon*
hic	turtur	túrturis	*tourterelle*
hæc	fraus	fraudis	*tromperie*
hæc	laus	laudis	*loüange*
hæc	incus	incúdis	*enclume*
hæc	iuuéntus	iuuentútis	*ieuneſſe*
hæc	ſenéctus	ſenectútis	*vielleſſe*
hæc	palus	palúdis	*mareſt*
hæc	virtus	virtútis	*vertu*
hæc	ſalus	ſalútis	*ſalut*
hæc	tellus	tellúris	*la terre*

♔♔♔♔♔♔:♔♔♔♔♔♔♔♔

DEGRES DE COMPARAISON DV NOM ADIECTIF.

L'Adiectif reçoit trois degres de comparaison. Ex.

doctus	dóctior	doctissimus
docte	plus docte	tres-docte

Le premier est appellé Positif. Le second, Comparatif: Le troisiesme, Superlatif. Parce que le premier pose & designe comme la chose est simplement. Le second la compare auec vne autre. Le troisiesme l'exalte par dessus tout autre. En François la marque du Comparatif est (plus que.) Celle du Superlatif (tres) ou (le plus de.) Le comparatif se forme du cas qui se termine en (i) en adioustant or. Et le Superlatif en adioustant (ssimus.)

n.	doctus	dóctior	doctissimus	docte, plus docte, tres-docte
g.	docti			
n.	fortis	fórtior	fortissimus	fort, plus fort, tres-fort.
d.	forti			

EXCEPTIONS POVR LE SVPERLATIF.

Les Adiectifs qui finissent en (er) font leur Superlatif en adioustant rimus. Piger, pigrior, pigérrimus: pulcher, púlchrior, pulchérrimus, paresseux, plus paresseux, tres paresseux: beau, plus beau, tres-beau.

Les Adiectifs qui descendent des verbes (fácio dico volo) forment leurs Cõparatifs en (entior.) Et leur Superlatif en (entissimus) magní-

ficus, magnificéntior, magnificentíssimus: magnifique, plus magnifique, tres-magnifique. Malédicus, maledicéntior maledicentíssimus, mesdisant, beneuólus, beneuoléntior, beneuolentíssimus, affectioné, plus affectionné, tres-affectionné.

CEVX-CY SONT IRREGVLIERS.

bonus	*bon*	*mélior*	*meilleur*	*óptimus*	*tres-bon*
malus	*mauuais*	*peior*	*plus mauuais*	*péssimus*	*tres mauuais*
magnus	*grand*	*maior*	*plus grand*	*máximus*	*tres-grand*
paruus	*petit*	*minor*	*plus petit*	*mínimus*	*tres-petit*
multus	*beaucoup*	*copióſior*	*dauantage*	*plúrimus*	*encor plus*

I'ay recueilly plusieurs façons d'exprimer le Superlatif en Latin. Ie vous les range icy pour vous en seruir quand l'occasion & le temps le permettra. Et y en adiouster d'autres si bon vous semble.

DIVERSES FACONS D'EXPRIMER le Superlatif.

Par exemple, pigérrimus.

Qui sit æque piger, video néminem
Nihil eo pigrius.
Est tam piger, quàm qui maximè.
Ad eius pigritiã nihil addi potest.
Quæ est in vllo tanta pigritia?
Tãta pigritia laborat, quãta haud scio, an quisquam alius.
Nunquam quisquam æque fuit piger.
Est piger atque haud scio an pigerrimus.
Laborat pigritia multò maxima.
Piger est, piger autem summo pigerrimus.

Post homines natos pigerrimus.
Ex omni memoria pigerrimus.
Tanta est in eo pigritia quanta haud scio an in quoquam.
Pigria memini cedit, concedit.
Hominem longè pigerrimum!
Tanta est eius pigritia, vt eam vix cuiusquam mens capere, aut cogitare possit.
Nihil fieri potest eo pigrius.
Quâ pigritia laborat!
In eo requiro, desidero maxime diligentiam.
An quisquam est æquè piger!
Non potest dici satis nec cogitari, quantum

Quantum in illo eſt pigritiæ!
Magna, incredibilis in eo pigritia.
Pari pigritia reliquit neminem.
Quotuſquiſque pigrior illo reperietur?
Nemini concedit qui ſit eo pigrior.
Magna eſt in eo pigritia atque haud ſcio an maxima.
Vnus ex omnibus pigerrimus.
Si quiſquam piger eſt, in illis profitetur nomen ſuum.
Pigritia ſuperiorem habet neminem.
Pigritiæ & inertiæ Princeps.
Perquam piger.
Ille diligens! nemo eſt hominum qui viuat minus.
Quam longiſſimè poßum præteriti temporis memoriam repetere, nihil vidi pigrius.
Non dici poteſt quam ſit piger.
Eſt pigritiæ non mediocris.
Tam piger, quam qui pigerrimus.
Ecquando hominem vidiſti pigriorem.
Ita piger eſt vt nemo vnquam.
Tanta laborat pigritia quanta poteſt quis maxima.
Quanta in eo pigritia!
Eſt piger ſi quiſquam alius.
Incredibile eſt quàm ſit piger
Quam piger eſt!
Quantus quantuſque eſt nihil niſi pigritia eſt.
O Deus immortalis! Ecquis hodie viuit eo pigrior!
Pigritia vltimi exempli.
In pigritia facilé Princeps.
Vbi vbi eſt pigritia, in eo certe eſt.
In eo eſt pigritia quanto maxima.
Nulla acceßio fieri poteſt ad eius pigritiam.
Nunquam tam fœdè quicquam dicam, id pigritia quin ſuperet tua.
Non poteſt dici quam ſit piger.
Hominem ad pigritiam natum.
Pigritiâ documentum, ignauiæ officina.
Pigritia cum pigerrimo certat.
In primis, vel cum primis piger.
Piger vt cum maximè.
Apprimè piger, inſignité piger.
Extremæ eſt pigritiæ hoc agere.
Eſt inſolentis & inuſitatæ pigritiæ.
Qui eum pigerrimum putant, recte putant.
Eſt bellé piger, egregiè piger.
Pigritiâ certat cum omnibus pigerrimis.
Quot modis piger eſt!
Quid eſt, ſi non hæc pigritia eſt vel maxima?
Eſt ſingularis pigritiæ.
Eſt ita piger vt nemo vnquam magis.

Omnibus modis est piger.
An vsquam quisquam gentium est æquè piger?
In eo pigritia est quanto maxima.
Quid ad eius pigritiam adiungi potest?
Pigritia nemo est illo præstantior.
Longè post hoies natos pigerrimus.
Adeo ignauo est animo, vt nihil supra.
Plenè cumulatèque piger.
Pigritia insignis, nobilis, excellens.
Nemo est omniũ qui viuat magis piger.
Ne pilum quidem habet diligentis.
Diligentiam ne de facie quidem nouit.
Omniũ quos Sol videt pigerrimus.
Pigritia cum infimo certat.
Nihil nisi prigritia est.
Primas illi pigritiæ deferunt omnes.
Se diligentem putat? quem minus credere est.
Semper fuit piger, & nunc nihil magis.
Pigritiâ nulli secundus.
Hiccine sit diligens? nemo est omnium hominum qui viuat minus.
Totus ex pigritia concretus, conflatus.
Non est alter hodie quisquam illo pigrior.

DE L'ADVERBE.

COmme l'Adiectif modifie le Substantif, & declare de quelle maniere il est. (*Manteau rouge, cheual blanc.*) De mesme l'Aduerbe modifie particulierement le verbe, & marque la maniere dont l'action se fait par. ex. *Il estudie laschement. Il marche superbement.* Voila pourquoy il est nommé Aduerbe.

Il y en a de plusieurs sortes. Les vns signifient quantité.

Valde *grandement.*
Multum *beaucoup*
magis *dauantage*
parum *peu*
nimis *trop*
minimum *fort peu.*

Les autres marquent la qualité & maniere.
Supérbè ambulat *il chemine superbement*, ſtudet negligénter *il eſtudie negligemment*, bellè cantat *il chante gentiment.*

D'autres marquent le lieu. Et ſeruent de reſponſe à l'interrogatiõ vbi *ou*, vbi eſt *ou eſt il?*
hic *icy ou ie ſuis*
iſtic *la ou tu es*
illic *la ou il eſt*
A l'interrogatiõ quo, *ou*. quò vadit *ou va il?*
huc *icy ou ie ſuis*
iſtuc *la ou tu es*
illuc *la ou il eſt*
A l'interrogation vnde, *d'où* vnde venit, *d'où vient il*
hinc *d'icy ou ie ſuis*
iſtinc *de là ou tu es*
illinc *de la ou il eſt*
A l'interrogation, qua, *par ou* qua it, *par ou va t'il*
hac *par icy ou ie ſuis*
iſtac *par la ou vous eſtes*
illac. *par la ou il eſt*

Les autres ſont pour conter.
ſemel *vne fois*
bis *deux fois*
ter *trois fois*
quater *quatre fois*

D'autres pour affirmer.
certè *certes*
ſanè *certainement.*
etiam *ouy*
proféctò *aſſeurement*

D'autres pour nier
nequáquam *nullement*
non, haud *non*
mínimè *n'enny*

Certains pour exhorter
Eia euge *ſus courage*
Age ágedum *ſus donc.*

Certains, pour monſtrer
En, ecce, *le voila, le voicy*

D'autres pour comparer
quemadmodum, vt, velut, ſicut *comme.*
Ita *ainſi*
tanquam *de meſme que*

D'autres pour appeller.
O, heus, heu, hem, *hé*

D'autres pour interroger.
Quare, cur, quamobrem *pourquoy?* quorſum, *pour quel ſuiet?*

D'autres pour deſigner le temps
hodie *auiourd'huy*
heri *hier*
cras *demain*

perendic *apres demain.*

Les aduerbes terminés en (è) ou en (er) se comparent de la sorte

doctè dóctiùs doctíssimè

doctement plus doctemēt tres-doctement

fórtiter fórtius fortíssimè

fortement plus fortemēt tres-fortement

PARTICIPE.

EST vn nom Adiectif qui descend d'vn verbe. En l'actif il y en a deux, (*amans aimant, amatúrus, qui aimera*) Au Passif deux encor. (*amátus aimé, amándus qui doit estre aimè.*)

CONIONCTION.

EST vne diction qui sert a lier les parties de l'oraison. Elle est.

Ou copulatiue pour conioindre.

Et, ac, que, atque, &c. etiam quoque, *aussy* cum tum, *non seulement mais aussi.*

Ou disionctiue pour separer. Vel, aut, ve, siue, seu, *ou.* Nec, neque, *ni.*

Ou illatiue pour conclure Ergo, igitur, itaque, quamóbrē: *partant, dōc, c'est pourquoy.*

Ou causale, pour rendre raison. Nam, namque, enim, étenim *car.* Quod *pourceque.*

Quia, quóniam *parceque.*

Ou aduersatiue pour contredire.

At, sed, ast, atqui *mais* Tamē, verúmtamen *toutesfois.*

Immò *au contraire*

Ou conditionnelle pour poser quelque condition, si *si.* Sin *mais si.* Ni nisi *si ne*: nisi studeas *si tu n'estudie*, quamuìs, etsi, tametsi *encor que.*

Ou expletiues pour remplir le discours Quidem, équidem *de vray, certes.*

INTERIECTION.

Est vne particule interiettée dans le discours, pour exprimer quelque passion qui esclate.

Ou de ioye ó, eia, io.

Ou de douleur heu, hei. ah. hem.

Ou d'indignatiō Proh. heu.

Ou d'admiration Pape. hui. oh.

DE LA PREPOSITION.

LA Prepoſition eſt vne particule ainſi appellée, parceque elle ſe met deuant le nom, & le gouuerne en l'Accuſatif ou Ablatif. Il y en a quarante neuf: Entre leſquelles trente demandent l'Accuſatif, quinze l'Ablatif, & quatre l'Accuſatif & Ablatif.

PREPOSITIONS QVI REGISSENT L'ACCVSATIF.

Ad. *a.*	Ad vtrumque parátus.	*Preparé à l'vn & à l'autre.*
Apud *chez, parmi.*	Apud púeros símia pulchérrima.	*Parmi les enfans le ſinge eſt tres-beau.*
Aduerſus *contre.*	Aduérſus Solẽ ne lóquere	*Ne parle pas contre le Soleil.*
Citra *deça, ſans.*	Citra vinum temuléntus.	*Yure ſans vin (boire)*
Cis *deça, endeça.*	Cis Rubicónem Cæſar réſtitit.	*Ceſar s'arreſta deça le Rubicon.*
Contra *contre.*	Contra torréntem niti.	*S'efforcer & ramer contre le torrent.*
Erga *vers, a l'endroit*	Sis erga omnes officióſus.	*Sois officieux vers tous.*
Circum *autour.*	Hédera circum arborem ſerpit, eamque enecat.	*Le lierre rampe autour de l'arbre & le fait mourir.*
Extra *hors.*	Extra perículum ferox.	*Brauache hors du danger.*
Circa *autour.*	Circa terram natat.	*Il nage autour de la terre.*
Ante *deuant.*	Ante tubam trépidas.	*Tu trembles auant la trõpette.*
Iuxta *proche.*	Iucundíſſima iuxta terram nauigátio.	*La nauigation pres de la terre eſt tres-agreable.*

Deuiſe de ... bleme, du ... entre la char... & l'autel, p... a labourer o... tre ſacrifié. ſignatiõ à ...

Romans, cl... latans, plus... aux eſprits ... fantins.

Ne medis p... des Princes, ... grands homm...

Tels ſont ... babillards, ... les brauache...

Ce fuſt pre... ce fleuue qu... ſar dit le de... eſt ietté.

Reſiſter a... puiſſant que...

L'ingrat tr... ainſi celuy ... l'a eſleué.

Il eſt meſc... quand il eſt ... ſeul.

Vne ame ba... n'a pas de ... deſſein. Volle... de peur des b... ches.

D'vn poltrõ... craint le com...

Il y a plaiſ... voir les dang... ſans danger ... combats hor... coups.

Penes *vers, en.*	Ius vitæ necisque penes Deum.	*Le droit de vie & de mort est en Dieu.*	*Dieu a droit de vie & de mort sur nous.*
Intra *dans, entre.*	Intra lábia ridére.	*Rire entre ses leures.*	*Se mocquer tacitemẽt. Rire sous sõ chapeau.*
Per *par, parmi.*	Id quasi per nébulam vides, intélligis.	*Tu vois cela, tu l'entend comme a trauers vn brouillars.*	*Tu ne vois cela, tu ne l'entends qu'a demi.*
Prope *proche, pres.*	Sum prope illum, sed non cum illo.	*Ie suis proche de luy, non pas auec luy.*	*Ie suis proche de luy mais ie ne cõmunique pas auec luy.*
Ob. *pour, a cause.*	Odiósus es ob garrulitátem.	*Tu es fascheux a cause de ton babil.*	*Tu nous estourdis de tõ caquet.*
Propter *pour, a cause.*	Tyrónem propter humanitátem & modéstiam malo saluum quàm propter vsum.	*I'aime mieux Tyron sain & sauf a cause de sa douceur & modestie qu'a cause de son seruice.*	*Ie souhaite que Tyron retourne en santé, non tãt pour le bon seruice quil me rẽd, comme a cause de son bõ naturel*
Post *apres.*	Et post malam ségetem seréndum.	*Encor faut il semer apres vne mauuaise moisson.*	*Ne se pas rebuter pour quelque disgrace.*
Præter *hormis, sinon*	Fames præter seipsam edúlcat ómnia.	*La faim addoucit tout, hormis soy mesme.*	*Il n'y a sauce que d'appetit.*
vsque *iusques.*	Amícus vsque ad aras.	*Amy iusques aux autels.*	*Faire plaisir a son amy pourueu que Dieu n'y soit pas offencé.*
Supra *pardessus.*	Quæ supra nos, nihil ad nos.	*Les choses qui sont pardessus nous, ne nous regardent pas.*	
Secundũ *selon.*	Fac secúndum nõ tuam sed aliórum voluntátem.	*Fais selon la volonté des autres & non pas selon la tienne.*	*Le plus sage cede pour euiter debat.*
Pone *enderriere.*	Pone Præceptórem ludit, garrit, bibit.	*Il ioüe derriere le maistre, il babille, il boit.*	
Vltra *oultre.*	Nihil vltra vires.	*Rien outre tes forces.*	*Qui trop embrasse, mal estraint.*
Versus *vers.*	Acus a magnéte contácta versus polum inclínat.	*L'aiguille touchée de l'aimant encline vers le Pole.*	*Vn cœur touché de Dieu tend tousiours a luy.*

Infra *dessous.*	Quæ infra nos, nihil ad nos.	*Les choses qui sont au dessous de nous, ne nous regardent pas.*	

PREPOSITIONS QVI REGISSENT L'ABLATIF.

A *de,*	Farínam éxigit a ſtátuis.	*Il demande de la farine des ſtatuës.*	*On ne ſçaur obtenir aucu grace d'un co dur. Tirer d l'huile d'vn m*
Ab *de.*	Quî poſſum ab hoc épulo abéſſe?	*Comment pourrois-je eſtre abſent de ce feſtin ?*	*D'vn ſi bea combat, d'vn belle entrepri Il faut queie de la feſte.*
Abs *de*	Peccátum abs me ortum, corréxi.	*I'ay corrigé la faute prouenante de moy.*	*Ie me ſuis pris, i'ay rep la faute que i nois faite.*
Cum *auec.*	Cum vulpe habens commércium, caue dolos.	*Aiant affaire auec vn renard, crains les fourbes & tromperies.*	*Contre fin, & demi.*
Abſque *ſans.*	Non eſt fumus abſque igne.	*Il n'y a point de fumée ſans feu.*	*Il n'y a gu de mauuais br ſans ſuiet.*
De *de.*	De filo pendet.	*Il ne tient qu'à vn filet.*	*D'vne choſ fragile cõme la vie, la ſant la faueur.*
E *de, par.*	E cantu dignóſcitur auis.	*L'oiſeau eſt conneu par ſon ramage.*	*Parle afin ie te voye, Socrate à vn ie ne homme.*
Ex *de.*	Décidit ex aſtris.	*Il eſt tombé des aſtres.*	*Il eſt deſch d'vne gran de proſperité. l'o rabatuë*
Præ *au prix, deuant.*	Malint guttam fortúnæ præ dolio ſapiéntiæ.	*Ils aimeroient mieux vne goutte de bon heur au prix d'vn tonneau de ſageſſe.*	*Gens de plai & de bõne cher*
Pro *pour, au lieu.*	Verba pro farína.	*Des paroles, pour de la farine.*	*Belles prome ſes au lieu d' effects. Donner l'eau beniſte Cour.*
Clam *au deſceu, a cachette.*	Nihil fit clam Deo.	*Rien ne ſe fait en cachette de Dieu.*	*Dieu voit tou*

Palam *deuant, en presence.*	Palam ómnibus vómuit Antónius.	*Antoine vomit en presence de tous.*	*Haranguant deuant le peuple le lendemain des nopces de Hippia.*
Tenus *iusques.*	Amícus ore tenus.	*Amy iusqu'a la bouche pas plus outre.*	*Amy de la bouche mais le cœur n'y touche.*
Sine *sans.*	Sine pulchritúdine formósus.	*Beau sans beauté.*	*Gratieux & agreable quoy qu'il ne soit pas beau.*
Coram *en presence.*	Cantábit vácuus coram latrone viátor.	*Le voiageur qui n'a rien châtera en presence du larron.*	*Qui n'a rien ne craint rien.*

PREPOSITIONS QVI REGISSENT L'ACCVSATIF. OV L'ABLATIF.

In *en.*	In ore leónis fauus mellis.	[a] *En la bouche du Lion le rayon de miel.*
	Fici cadunt in os comedéntis.	[b] *Les figues tombent en la bouche de celuy qui en mange.*
Sub *sous. dessous.*	Sub tecto imbrem exaudíre.	[c] *Entendre la pluye sous le toict.*
	Sub vestem vulpem coniécit.	[d] *Il ietta le renard sous son habit.*
	Sub ómni lápide scórpius dormit.	[e] *Le scorpion dort sous toute sorte de pierre.*
Super *dessus.*	Cólloca librum super mensam.	*Mettez le liure sur la table.*
	Hac super re nimis.	*Touchant cela c'est trop.*
Subter *dessous.*	Subter ensem péndulum sedébat in mensâ.	[f] *Il estoit assis a table sous vne espée pendante.*

a Les plus courageux sont les plus affables.

b Qui chapon mãge, chapon luy vient.

c Voir les miseres des autres, estãt a labry.

d Vn enfant de Sparte, aiant derobé vn Renard, le cacha sous sa robe, & souffrit d'estre dechiré iusqu'aux entrailles, plustost que d'estre descouuert.

e Par tout il y a tromperie & embusches, soions tousiours sur nos gardes

f Denys le Tyran fit asseoir en vne table chargée de mets exquis Damocles qui le disoit heureux, auec vne espée nüe qui pendoit sur sa teste, & ne tenoit qu'a vn petit filet.

Methode pour apprendre iudicieusement les cinq Declin.

Ie vous ay cy-deuant insinué, comme toutes les choses du monde estoient autant de noms. Soleil. Lune, Terre, Eau, &c *Or tous ces noms qui sont infinis, se distribuent en la langue Latine en cinq classes, qu'on appelle Declinaisons. La premiere contient les noms qui sont terminées en (a) au Nominatif, æ au Genitif, æ au Datif. La seconde & les autres, comme vous allez voir.*

	1	2	3	4	5
n.	a	us, *r um*	r, *as, es, &c.*	us	es
g.	æ	i	is	us	éi
d.	æ	o	i	ui	éi

Cela supposé, & bien conçeu, venons aux autres cas. L'Accusatif se termine par tout en (m) & se forme du Nominatif. En la 1. adioustant (m) musa, musam. *Aux autres, changeant (s) ou il y a (s) en (m)* Dominus, Dominum : fructus, fructum : dies, diem. *La 3. fait (em) comme la 1.* pater, patrem.

Pour le Vocatif & Ablatif Singuliers, Accus. & Abl. Pluriers, voiez la page 6.

Le Nominati Plurier en la 1 & 2. est de mesme que le Genitif Sing Musæ, Domini. *Aux autres il est formé. de l'Abl adioustant (s)* patre, patres: fructu, fructus: die, dies.

Le Genitif Plurier se forme de l'Abl. Sing. adioustant (rum) Musa, musarum : Domino. Dominorum, die, dierum. *En la 4 adioustant (um)* fructu, fructuum. *En la 3. changeant (e) en (um)* patre, patrum. *Il y a quelques particularités a obseruer de vous mesme.*

ABREGE' DE SYNTAXE.

IL y a six cas en la langue Latine. Ie donne six regles, qui leur respondent, auec vne septiesme pour Corollaire. Et en suite autant de discours pour l'esclaircissement desdites regles.

Regles de Syntaxe.	*Regulæ Syntaxeos.*
I	I
La personne du verbe se met au Nominatif. ex. La constance surmonte.	*Persona verbi ponitur in Nominatiuo. ex. Constantia vincit.*

2

Vn meschant hõme ne sçauroit rien produire de bon.

La personne de qui est la chose, se met au genitif. ex. D'vn meschant corbeau mauuais œuf.

2

Persona cuius res ipsa est, ponitur in genitiuo. ex. Mali corui malum ouum.

3

Peu à peu on vient à bout de tout.

La personne à qui & pour qui, se met au datif. ex. Seruir a Dieu c'est regner.

3

Persóna cui, pónitur in datíuo. ex. Seruíre Deo regnare est.

4

Le verbe Actif regit apres soy vn accusatif. ex. La goutte d'eau creuse la pierre.

4

Verbum Actiuum regit post se Accusatiuum. ex. Gutta cauat lápidem.

5

Le nom de celuy à qui vous parlez, se met au voc. ex. Medecin gueris toy toy mesme.

5

Nomen eius cui lóqueris pónitur in Vocatiuo. ex. Médice cura teipsum.

6

On se sert de l'Ablatif, lors qu'il y a lieu de faire ces interrogations.

1. Pourquoy ? 4. Enquoy ?
2. Auec quoy ? 5. Dequoy ?
3. Quand ? 6. Comment ?

6

Vtimur Ablatiuo, cum licet sic interrogare.

Ob quam causam? Qua in materia?
Quo instrumento? Qua re seu materia?
Quando? Quomodo?

Exemples.

Il est raui il s'estime le plus heureux homme du monde

Il n'y a personne si chetiue qui ne se resiouisse quelques fois.

1. Noble a cause de sa bourse.
2. Il touche le Ciel du doigt.
3. Il n'est si meschante haridelle qui ne hennisse au mois de May.

Exempla.

Cruménâ nobilis.
Cœlum tangit dígito.
Nullus est equus tam effœtus qui non Maio hinnitum edat.

	4. Chacun peut eſtre riche en promeſſes.	*Pollicitis diues quilibet eſſe poteſt.*
l ſçait ſe ſeruir e l'occaſion. De quelque ſté que ie me urne, i'y trouue e la difficulté.	5. Il ſçait ſe ſeruir du marché.	*Sçit vti foro.*
	6. Ie tiens le loup par les oreilles.	*Aúribus lupum téneo.*

7. REGLE POVR COROLLAIRE.

	Les noms qui ſont vne meſme choſe, ſe mettent en meſme cas. ex. ville de Rome.	*Nomina quæ ſunt vnum & idem, ponuntur in eodem caſu. ex. Vrbs Roma.*
C'eſt vne perle vn trouue peu. Souuent l'en- nce trompe, & us vne douceur agneau cache n naturel de oup.	Vn enfant obeyſſant eſt vn oiſeau fort rare.	*Puer morigerus, rara auis.*
	L'eſpine ſemble belle, quand elle eſt ieune.	*Cum páruula eſt, bona vidétur ſpina.*

PREMIER DISCOVRS POVR

LA PREMIERE REGLE.

Tout ce qui eſt au monde, y eſt pour trauailler. Et comme vous voyez en noſtre corps que chaque partie y eſt produite, afin d'exercer quelque fonction, l'œil de voir, le pied de marcher, la main de prendre: En vne maiſon, en vne ville, en vne armée de meſme. Ainſi dans l'vniuers tout y eſt pour agir, rien pour croupir dãs l'oiſiueté. Le Soleil pour eſclairer, la terre pour produire, les eaux pour arrouſer; Bref chaque choſe eſt pour ſon action, ſuiuant la maxime generale. Et toutes les creatures ſont condamnées à finir, ſi toſt qu'elles commencent a ne pouuoir plus agir.

On ne me ſçauroit donner autre raiſon, pourquoy l'homme meurt. Et pourquoy lors qu'vne eſpée perce le cœur ou le foie, il en faut mourir, ſinon celle que ie viens d'alleguer. Car le fer ne touche pas l'ame, l'acier ne diuiſe pas vne choſe indiuiſible. Qui donc l'arrache du ſein-

de ſa chere moitie & l'oblige à prendre ainſi l'eſſor ? Rien autre choſe que cet arreſt du Ciel, qui commande a toute creature d'agir au monde, ou d'en ſortir.

Or eſt il que le foie eſtant bleſſé, par le moien duquel l'ame formoit le ſang, & du ſang les eſprit, & des eſprits les images, & des images les penſées, & des penſées les volontés, & des volontés les actions : Elle ne pouuant plus le premier, ne peut plus auſsi par conſequent le dernier. Et ne ſçauroit ny faire ny agir choſe quelconque au monde : & partant ſuiuant cette maxime inuiolable, il en faut partir, comme vn ſoldat ayant perdu armes & bagage, bras & iambes, n'a plus que faire dans vne armée.

Cela poſé pour fondement de la premiere regle, que toutes les choſes qui ſont en l'Vniuers, ſont par maniere de dire autant d'ouuriers, de ſoldats, de vignerons, d'artiſans, de maneuures, ordonnés pour trauailler & agir, Lors que vous voudrez exprimer & declarer que la choſe produit ſon action, diſant par exemple. Le roſsignol chante, le poiſſon nage, l'oiſeau vole, il faut mettre la choſe au nominatif : roſſignol, poiſon, oiſeau. Ce qu'on nomme en Grammaire, perſonne du verbe, parce que ſi on vous interroge. Qui eſt la perſonne qui chante ? vous reſpondez le Roſsignol. Qui nage ? le poiſſon. Qui vole ? l'oiſeau.

Ainſi à l'aide de cette interrogation vous pouuez facilement deſcouurir la perſonne de chaque verbe en tout diſcours ſoit François ſoit Latin. Voila l'office du nominatif & la notion que vous en deuez auoir.

SECOND DISCOVRS POVR LA SECONDE REGLE.

Toutes les choses qui sont en l'Vniuers sont de quelqu'vn, c'est à dire appartiennent à quelqu'vn. Ce carrosse est d'vntel, ce laquais d'vn tel, ce manteau, ce cheual, cette espée, & ainsi de toute autre chose. Il n'y à que Dieu seul, qui ne peut en aucune façon estre de quelqu'vn. Pour cette cause vn certain faisoit cette reproche aux impies & Athées fort à propos,

Nulla domus domino caruit, vos hanccine tantam
Nullius Domini creditis esse domum!

Il n'est point de maison sans Maistre en tout l'Vniuers, croiez vous que cette grande maison du monde subsiste sans auoir vn Maistre?

Mais pour bien conçeuoir ce qui suit, vous deuez sçauoir qu'on appelle cause, ce qui produit : effet, ce qui est produit. L'arbre est la cause, pomme est l'effet: la Cordonnier est la cause, soulier est l'effet: poule est la cause, œuf est l'effet La cause est cõme vous diriez le Pere, & l'effet comme vous diriez l'Enfant.

On appelle en second lieu vn Tout, ce qui contient plusieurs parties: la main est vn Tout, les doigts sont les parties: l'eau est Tout, les gouttes sont les parties: la classe est vn Tout, le premier, le plus ignorant, sont les parties. Donc en ces exemples, (vne goutte d'eau, vn doigt de la main, le premier de la classe,) vous voiez comme le premier nom est vne partie & le second vn Tout.

On nomme en troisiesme lieu. Maistre d'vne chose, celuy que a droit de s'en seruir & d'en disposer, comme en ces exemples, l'es-

pée d'vn soldat, le liure d'vn Escolier, le pinceau d'vn peintre) le soldat est maistre de l'espée, l'escolier du liure, le peintre du pinçeau.

Cela supposé, expliquons nostre premiere proposition, & disons que toutes les choses du monde sont de quelqu'vn. Ou comme effet; ainsi les rayons du Soleil sont du Soleil & luy appartiennent. Ou comme partie: ainsi vn doigt est de la main, & luy appartient. Ou comme la chose est de son Maistre: ainsi l'espée du soldat est du soldat & luy appartient.

De sorte que disant, (les rayons du Soleil,) c'est de mesme que si vous disiez les rayons effet du Soleil. Disant, (vn doigt de la main,) de mesme que si vous disiez, (vn doigt partie de la main. Disant, l'espée du soldat, de mesme que si vous disiez, l'espée possession du soldat.

Ceci estant ainsi expliqué, venons a nostre seconde regle Quãd vous voudrez exprimer que ceci ou cela est de quelqu'vn, disant par exemple (Les rayons du Soleil, le premier de la classe, l'espée du soldat,) alors il faut mettre au Genitif le nom ou il y a (de, du, des,) qui est tousiours le nom du Possesseur, c'est a dire de la Cause ou du Tout ou du Maistre. Car la cause possede, le Maistre possede, le Tout possede: comme lors que vous dites (les rayons du Soleil,) le Soleil est possesseur, & les rayons la chose possedée. A raison de quoy i'appellerois volontiers ce cas, Possessif.

Vous pouuez auoir encor recours a l'interrogation (de qui?) pour mieux discerner ce genitif. Par exemple trouuant cette proposition (l'espée du soldat) interrogez vous ainsi (de qui est cette espée? elle est du soldat) direz vous aussi tost en vous mesme. Et alors vous pourez vous asseurer que le mot ou il y a l'vne de ces particules, (de du des), doit estre mis au genitif.

TROISIESME DISCOVRS

POVR LA TROISIESME REGLE.

Toutes les generations & corruptions qui se font au monde, vous ont appris l'estroite obligation que chaque chose a de travailler, & comme toute creature obeïssant à son Createur, fait sa tâche, son ouvrage, & l'action que son Maistre souverain luy a ordonnée & prescrite. Il n'y a que le meschant homme en l'Vnivers, qui y est inutil, & qui fait non pas la volonté de son Dieu, mais qui suit les extravagances de la sienne.

Or les actions qui s'exercent ainsi par le monde, se font toutes a quelqu'vn & pour qu'elqu'vn. Le Cordonnier fait des souliers, le menusier vne table, le masson vne maison, a quelqu'vn & pour quelqu'vn. Le Soleil esclaire, l'arbre fructifie, la fleur iette odeur a quelqu'vn & pour quelqu'vn, à sçavoir a l'homme & pour l'homme. Car ce n'est pas pour le bois, pour la pierre, pour les metaux, qui ne peuvent ny voir ny gouster ny odorer.

Autrement si les actions ne se faisoient a quelqu'vn & pour quelqu'vn, elles se feroient en vain, comme s'il se trouvoit vn Cordonnier qui fist des souliers aussi grand comme pour vn Geant, ou petis comme pour vne fourmis, celuy la travailleroit pour neant: ne pouvant pas se proposer de les faire a quelqu'vn. Et tout ce travail ne serviroit de rien, sinon pour monstrer la folie du personage.

Donc les actions pour n'estre pas vaines & inutiles se doivent faire a quelqu'vn & pour quelqu'vn. C'est pourquoy la nature, & l'homme sage qui suit la nature, ont en toutes leurs actions vn but & vne fin qui est celuy a qui & pour qui ils trauaillent. Si la terre produit du froment c'est a l'homme, si de l'auoine, c'est au cheual, si de l'herbe c'est a la brebis, & ainsi des autres choses.

Et ces actions de la nature & du sage produisent tousiours du bien. Et celles du meschant tousiours du mal a quelqu'vn: duquel mal il est seul l'origine & la source. Car le mal n'est pas en la nature ny selon l'intention de la nature, comme vous voyez qu'on ne plante pas le but pour faillir. Si Dieu a produit le goust & le vin, ce n'est pas pour yurogner: si la main & les commodités, ce n'est pas pour desrober: si la societé humaine, ce n'est pas pour friponner. Et partant le mal ne vient pas de Dieu (les tenebres viendroient plustot du Soleil) mais de la peruerse volonté du meschant, homme qui tend, non pas au but que Dieu luy a proposé, mais a celuy de ses desirs effrenés. Or ce bien là & ce mal là, qui procedent l'vn de la sagesse de Dieu, l'autre de la folie des hommes, se fait tousiours, quoy qu'il en soit, a quelqu'vn & pour quelqu'vn.

Maintenant reste à faire l'vnion de ce discours auec nostre troisiesme regle. Toutes les fois que vous disignerez & tesmoignerez quelque action estre faite a quelqu'vn, ou quelque bien ou quelque mal, ou autre chose conuenir a quelqu'vn, il vous faut mettre au datif cet (a quelqu'vn) cet a dire le mot où il y aura, l'vne de ces particules (a, au, aux) Exemple. Le Soleil luit aux hommes, il faut mettre (hommes) au datif.

Et vous cognoistrez clairement, ce datif, s'il y a lieu de faire l'interrogation, A qui? ou, pour qui? par exemple. Le Soleil luit. A qui & pour qui? *Aux hommes. Donc (aux hommes) est vn datif.*

QVATRIESME DISCOVRS
POVR LA QVATRIESME REGLE.

Rien ne peut agir ny trauailler en ce monde sans puissance. La pierre ne peut voler, pourquoy? elle n'en a pas la puissance. Ni vne statuë marcher, ny vn tableau parler, pourquoy? ils n'en ont pas la puissance. Il faut donc des facultés & des vertus pour agir, qui est la cause pourquoy, Dieu aiant obligé toutes les choses du monde à trauailler, leur a donné des facultés & des puissances pour cet effet. Au rosier puissance de produire des roses au cerisier, des cerises: à la vigne, des raisins; comme vous voiez en vne ville chaque artisan auoir sa vertu & sa puissance particuliere, le cordonnier de faire des souliers, le serrurier des clefs, le masson des maisons.

Or de ces puissances entées ainsi dans les creatures, naissent les actions qui sont de deux sortes & se peuuent partager en deux classes.

Les vnes sortent de la puissance qui les produit & passent en vn autre suiet qui les reçoit. Par exemple, si vous regardez vn tableau, vostre action de regarder semble voler de l'œil sur le tableau & le toucher & s'y reposer. De mesme si vne poule fait vn œuf, l'action passe de la poule, & se va poser sur l'œuf pour le former, & l'œuf reçoit cette action & cette formation, comme l'argille reçoit l'action du potier.

Les autres actions demeurent en la mesme puissance, d'où elles sont sorties, sans se transporter de là allieurs. Par exemple, si Pierre rit, ce ris ne passe pas de Pierre en vn autre lieu: ny s'il marche, son marcher: ny s'il rougit de honte, sa rougeur.

Donc les actions du premier genre sortent de leur puissance, &

se vont poser sur vn autre suiet ; Tout ainsi que le trait part de l'arc & va fraper le but & s'y reposer. Par exemple, lors que vous dites, (i'escris vne lettre,) vostre action d'escrire passe de vostre main sur la lettre que vous escriuez.

Celles du second genre demeurent au lieu mesme de leur naissance, ainsi qu'vne branche qui sorte de sa tige sans en sortir. Comme lors que vous dites (ie danse, ie marche,) vostre action de danser, de marcher, demeure en vous mesme.

Les actions de la premiere classe font le verbe Actif, qui ne signifie autre chose que l'agent poussant hors son action ainsi qu'vn trait, sur vn autre suiet ; Comme aussi le verbe Passif n'est autre chose, que le Patient receuant l'action, ainsi que le but reçoit vn trait. Quand Pierre regarde vn tableau, Pierre poussant hors son action sur le tableau fait le verbe Actif, (ie regarde, ie regardois.) Le tableau receuant l'action fait le verbe Passif, (ie suis regardé, i'estois regardé.) De mesme, lors que la poule fait vn œuf, la poule poussant hors son action sur l'œuf, fait le verbe Actif, ie pondois. L'œuf receuant l'action, fait le verbe Passif ie suis pondu, i'estois pondu. Voila pour les actions du premier genre, qui passent, d'vn lieu en vn autre, & font les verbes Actifs, lesquels pour ce suiet sont aussi appellés transitifs, c'est a dire qui passent d'vn suiet sur vn autre & ausquels respond tousiours le verbe Passif.

Quant aux autres actions de la seconde classe, qui demeurent tousiours ou elles naissent, par exemple ie ris, ie dors, elles font le verbe Neutre, qui ne signifie autre chose que l'Agent poussant hors son action & la receuant quand & quand dans soy mesme. Comme lors que vous dites, (il rougit de honte,) l'Agent qui produit l'action de rougir, est celuy la mesme qui la reçoit : c'est pourquoy il est Agent & Patient tont ensemble. Et tels verbes sont ceux qu'on nomme Neutres, c'est à dire ny l'vn ny l'autre parce qu'ils ne sont ny Actifs seulement, ny passif seulement, ains l'vn & l'autre conioinctement.

Vous cognoistrez le verbe actif en ce qu'il a tousiours ou peut auoir apres soy ces mots, (quelque chose) qui est le but & le terme où l'action tend, & le suiet ou elle est receuë, par exemple puisque vous pouuez dire (ie frappe quelque chose) à sçauoir Pierre ou vne table, ou vn cheual, vous pouuez estre asseuré que ce verbe (fraper) est Actif.

Maintenant appliquons briefuement ce long discours à nostre quatriesme regle. Tout verbe Actif veut apres soy vn accusatif, c'est à dire tout verbe qui peut receuoir apres soy ces mots (quelque chose) veut auoir ce (quelque chose) en l'accusatif. Or le verbe Actif est celuy qui signifie vne action passagere & transitiue du suiet qui produit, sur vn autre qui reçoit. Comme lors que vous dites, (Ie regarde vn tableau, i'escris vne lettre.)

CINQVIESME DISCOVRS

POVR LA CINQVIESME REGLE.

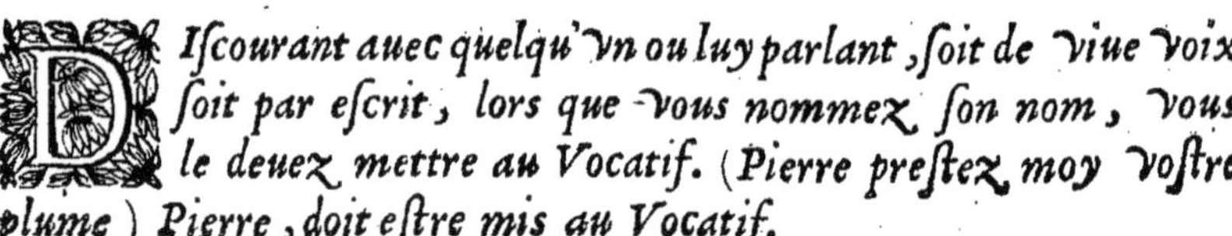

DIscourant auec quelqu'vn ou luy parlant, soit de viue voix soit par escrit, lors que vous nommez son nom, vous le deuez mettre au Vocatif. (Pierre prestez moy vostre plume) Pierre, doit estre mis au Vocatif.

SIXIESME DISCOVRS POVR LA SIXIESME REGLE.

POur vous faire voir comment l'effet est produit, & sort de sa cause, ie prends le son d'vne horologe & l'image que fait vn peintre pour exemples.

En vne horologe, le ressort qui en est l'ame pour ainsi parler, fait mouuoir la grande roüe; la grande roüe, la roüe de cheuille: la roüe de cheuille esleue la queüe du marteau: le marteau frape le tymbre. Et de ce chocq esclate enfin le son que vous entendez. Voila l'effet.

En l'homme, de mesme. l'Ame source de toutes les actions donne le mouuement au bras, le bras a la main, la main au pinceau, le pinceau applique l'ocre & la peinture sur la toile: dont se forme l'effet à sçauoir l'image.

Ou vous voiez comme en la production des choses, il y a premierement dans l'Agent tousiours vn premier principe ou premier mouuant: comme est l'ame dans le corps, le ressort dans l'horologe. Puis d'autres Agens en suite qu'on nomme Instrumens, les vns naturels, les autres artificiels. Appellons neantmoins causes, toute cette suite d'Agens, par exemple l'ame, le bras, la main, le pinceau.

D'ailleurs il faut remarquer, que ces causes que ie viens d'estaler, sont pour l'ordinaire assorties de quelques qualités bonnes ou mauuaises, qui aident ou qui empeschent, facilitent ou retardent la puissance & la cause qui veut agir: comme au ressort & roües d'vne horologe, il y peut auoir de la rouille qui retarde, de l'huile ou polissure qui fasse aller l'horologe plus viste. En l'homme de mesme, l'ame peut estre reuestüe de vertu ou de vice, d'amour ou de haine, de paresse ou de diligence, de colere ou de misericorde, & autres qualités, dont les vnes poussent l'ame à agir, les autres l'en detournent. Et puisque ces qualités sont ainsi attachées a la cause, & luy donnent de l'impression, donnons leur aussi le nom de cause.

En second lieu, les choses du monde peuuent seruir de matiere, dequoy on est fourni ou degarni, dequoy on est orné ou disgracié, dequoy on est accommodé ou incommodé; comme lors que vous dites. (le Ciel est parsemé d'estoiles,) Les estoiles sont la chose & la matiere, dequoy le Ciel est parsemé. Quand vous dites, (i'ay besoin d'argent,) l'argent est la matiere & la chose dequoy vous auez besoin, (Il est plein de vin,) le vin est la matiere dont il est plein.

Il y a encor la matiere en quoy on est tel ou tel, riche ou pauure, docte ou ignorant, grand ou petit, puissant ou foible, & choses semblables, comme en cet exemple (il est riche en pistolles) les pistolles sont la matiere & la chose en quoy il est riche. (Il est puissant en amis:) les amis sont la matiere en quoy il est puissant.

En troisiesme lieu, l'action qui produit l'effet, est pour l'ordinaire accompagnée d'vne certaine maniere & façon, dont elle est reuestüe. Si vn pauure demande l'aumosne, son action est accompagnée d'vne façon & d'vne mine piteuse ou orgueilleuse. Si vn paresseux trauaille, son action est accompagnée d'vne lenteur. Si vn diligent, d'vne alaigresse & ferueur. Donc toute action est conioìnte auec vne certaine maniere & façon qui luy est comme colée & imprimée.

En quatriesme & dernier lieu. Toute action se fait en quelque temps. De iour ou de nuit, au temps present ou passé ou auenir. En esté ou en hyuer, ou quelque autre temps.

Concluons. Et pour venir à nostre sixiesme regle disons que l'on met à l'ablatif.

1. Toute sorte de cause.

2. La matiere en quoy & la matiere de quoy.

3. La maniere dont l'action se fait.

4. Le nom de temps.

L'interrogation vous aidera beaucoup à distinguer cet ablatif, car si l'oraison vous porte à faire l'vne de ces demandes.

1. Pourquoy, pour quelle cause ? Auec quoy auec quel instrument?

2. En quoy, en quelle chose? De quoy, de quelle chose ?

3. Comment, par quelle maniere?

4. Quand, En quel temps?

Alors soiez asseuré qu'il faut mettre en l'ablatif, le nom ou y il aura (de, des, auec, en, par) en retranchant lesdites particules. Exemples.

1. Il rougit de honte. Il escrit auec vne grosse plume.

2. Il est puissant en amis. Il est plein de vin.

3. Il a dit cela par ieu.

4. On se porte mieux en hyuer.

Ou vous pouuez former l'interrogation en cette sorte. Pourquoy rougit il ? de honte. Donc il faut mettre en l'ablatif ce mot (honte) & ainsi des autres.

Vous remarquerez icy qu'on met deux noms en l'ablatif (ce qu'on nomme ablatif absolus) lors qu'on peut les resoudre par ces particules (pendant que, quand, lors que, parceque) exemple. Toy dormant l'artisan trauaille. (Toy dormant) sont deux ablatifs absolus, d'autant qu'on peut les resoudre ainsi, lors que tu dors, pendant que tu dors.

Ce mot (absolu) signifie independant, souuerain, qui n'est regi, d'aucun. Et de fait ces deux ablatifs semblent ne dependre d'aucune diction. Neantmoins il est mieux & est le plus court de rapporter ces deux ablatifs absolus à nostre sixiesme regle, veu que ce sont ablatifs de temps comme la question (quand) vous le monstre. Quand trauaille il ? pendant que tu dors, au temps que tu dors. Ou bien ce sont ablatifs qui signifient la maniere & la cause pour laquelle & par laquelle quelque chose se fait. Exemple. Le Soleil luit Dieu le voulant, cet a dire parce que Dieu le veut. Ainsi tels ablatifs seront regis du verbe le plus proche : car lors qu'vne diction a quelque connexion auec vne autre, elle peut en estre regie & gouuernée.

SEPTIESME DISCOVRS POVR LA SEPTIÈSME REGLE.

DEux noms qui sont vne mesme chose, se mettent en mesme cas. Tels sont l'Adiectif & le Substantif, car lors que vous dites (manteau rouge) manteau & rouge sont vne mesme chose & appartiennent a vne mesme chose. Pour preuue de quoy, si on vous interroge (quelle est la chose que vous appellez rouge) vous respondez, (le manteau.) Donc en nostre proposition, rouge & manteau sont vne mesme chose. Tels sont encor deux Substantifs qui conuiennent a vne mesme chose, comme Rome ville d'Italie. Seine fleuue de France, Pierre escolier. Et pour vous faire voir comme Rome & ville sont icy vne mesme chose. Si on vous interroge, qu'estce Rome ? vous respondez : vne ville d'Italie,

Donc Rome & ville sont le mesme. Et ainsi des autres exemples.

Cette regle est fondée sur ce qu'vne seule chose peut auoir deux, trois, plusieurs noms, qui luy conuiennent: vn propre, & d'autres communs, comme Pierre est appellé Pierre de son nom propre, & nommé Escolier d'vn nom commun, comme aussi paresseux, malade, ieune, pauure &c. Et tous ces noms appliqués ainsi a Pierre, doiuent estre mis en mesme cas que Pierre.

CONCLVSION.

Tout discours (peut s'en faut) roule sur ces sept regles: Permis à vous d'en faire l'essay. Quand vous les aurez bien confirmées par l'vsage, vous passerez aux autres moins importantes. Donc prenant en main vn autheur facile, vous le pourrez manier auecfruict, & rendre regle & raison de tout: Mais raison solide & fondée sur la nature qui ne change iamais.

EXEMPLES POVR PRACTIQVER LES SEPT REGLES DE SYNTAXE.

Les brutes font la leçon a l'homme & luy reprochent son insensibilité & ingratitude vers Dieu.	Le Bœuf a conneu son possesseur, & l'asne la creche de son maistre: & Israël ne m'a pas conneu.	*Cognouit bos possessorem suũ, & Asinus præsepe domini sui: Israël autem me non cognouit.*	
S'abbandonner a la prouidence de Dieu sans se tourmenter de l'aduenir.	Iette en Dieu tes inquietudes.	*Proijce in Deum sollicitudines tuas.*	
Esperer tousiours en Dieu dans les plus grandes afflictions.	Encor qu'il me deust faire mourir si auray-ie esperance en luy.	*Etiamsi * occiderit me, in ipso sperabo.*	Deus
Cela se dit d'un hõme de bien qui fait du bien à un chacun.	L'Homme est à l'homme (en quelque sorte) vn Dieu.	*Homo * homini Deus.*	est
Ce qui s'entend d'un meschãt qui deuore les autres comme un loup.	L'Homme est à l'homme vn loup.	*Homo * homini lupus.*	est
Tout desplait à un esprit chagrin.	Au malade tout semble amer.	*Ægrotanti omnia amara (videntur.)*	
Il est dangereux, ne se faut pas iouer à luy	Il a du foin aux cornes.	*Habet fœnum in cornu.*	
Au plus larron la bourse.	Donner la brebis en garde au loup.	*Ouem lupo committere.*	
Plus on est paresseux, plus on le voudroit estre.	La paresse engendre la paresse: & la diligence, la diligence.	*Ignauia ignauiam generat: studium, studium.*	
Il faut abreger les maux le plus qu'on peut.	La vistesse aux maux est tres-bonne.	*Celeritas in malis * optima.*	est

L'vn qui ne profite pas & empesche les autres de profiter.	C'est vn chiẽ en la creche.	**Canis in præsepi.* (*est)
Deux bons estudians ensemble.	Vne grappe de raisin meurit aupres d'vne autre grappe.	*Botrus iuxta botrum maturescit.*
Il ne faut attẽdre d'vn rustique aucun bien ny plaisir.	L'escarbot fera plustost du miel.	*Scarabæus citius faciet mel.*
On n'est pas vertueux pour vne seule action de vertu.	Vne hirondelle ne fait pas le Printemps.	*Vna hirundo non facit Ver.*
D'vn qui n'a pas l'inclination à l'estude.	Vn Bœuf estranger à chaque fois regarde la porte.	*Bos alienus subinde fores prospectat.*
Gens de plaisir & de bonne chere.	Ils aiment mieux entendre le son d'vn plat, que la voix d'vn Philosophe.	*Discum audire malunt quàm Philosophum.*
Il y a maintes afflictiõs cachées	Ah! vous ne sçauez pas en quelle partie du pied le soulier me blesse.	*Ah! nescis qua parte pedis me calceus vrit.*
Le pauure n'a peur d'estre volé.	Cent hõmes ne pourroient despoüiller vn Pauure.	*Centum viri vnum pauperem spoliare non possunt.*
La contrainte oste la grace.	Le Rossignol ne chãte pas si bien dans vne cage.	*In cauea minus bene canit Luscinia.*
Chacũ trauaille pour la vie.	Ils forgent de l'argent.	*Argentum cudunt.*
Les grãdes fortunes n'ostẽt pas les inquietudes.	Le soulier ne deliure pas des gouttes.	*Non liberat calceus podagrâ.*
Vous me faites plus courageux que ie ne suis, vous me donnez des loüanges que ie ne merite pas.	Vous me reuestez des despoüilles d'vn Lion.	*Induitis me Leonis exuuijs.*

REGLES DE SYNTAXE MOINS GENERALES.

Le verbe substantif (sum es est) veut deuant & apres soy vn Nomin. Ex. Emploier la lancette sur la partie saine, n'est pas penser mais escorcher.

Verbum substantiuum (sum es est) petit ante se & post se Nomin Ex Adhibère scalpellum sanæ parti, (id) non est medicina sed carnificina.

Punir les bons est cruauté non pas iustice.

La personne de l'Infinitif se met en l'accusatif. Toy dormir iusqu'a huit heures! n'as tu point de honte?

Persona Infinitiui in accusat. Te dormire ad octauam! nihil pudet?

Certains Adiectifs regissent vn genitif. Pauure en courtoisie. i. inciuil.

Adiectiua quædam regunt genit. Humanitatis inops.

Le nom de proprieté, se met au genitif ou ablatif. Vn enfant d'vn lourd esprit.

Nomen proprietatis in genit. vel ablat. Puer tardi ingenij, vel tardo ingenio.

Le comparatif veut vn ablatif. ou la conionction (quàm) Plus rude & plus picquant qu'vn herisson.

Comparatiuus petit ablatiuũ vel coniunctionem (quàm) Echino asperior vel quàm Echinus.

D'vn homme reuesche & rebours

Dy satago rerum &c. qui signifient I'ay soin de mes affaires, il aura pitié des laboureurs.

Dic sátago rerum, miserebitur agricolarum.

Les verbes qui signifient se souuenir, ou oublier regissent vn accus. ou genit. Ne mettre rien en oubli, sinõ les iniures.

Verba memoriæ aut obliuionis regunt accus. vel ablat. nihil obliuisci præter iniurias.

N'estre pas vindicatif.

Ces verbes qui signifient, Ie me repents, ie me desplais, i'ay pitié, i'ay honte i'ay regret, demandent leurs personnes en l'Acc. auec vn Gen. Nous nous repentons de nous mesmes.

Pœnitet & tædet, miseret, pudet & piget optant Accusatiuum patientem cum Genitiuo. Nostri nosmet pœnitet.

Nous nous plaignons tousiours.

Les noms de prix en l'Ablat. Ie l'ay acheté vn sol. Toutesfois ces adiectifs qui signifient, (plus, autant, combien, moins,) se mettent au Gen. Ie l'ay acheté autant. Que si on les ioint auec vn substantif ils se mettent en l'Ablatif. Ie l'ay acheté d'vn tel prix.

Nomen pretij in Ablatiuo. Emi asse. Tamen hæc adiectiua, pluris, tanti, quanti, atque minoris ponuntur in Genit. Tanti emi. Si cum substantiuo iungantur, in Ablatiuo. Emi tanto pretio.

Les quatre adiectifs cy dessus, & ceux qui suiuent; Plurimi & æqui &c. estant ioints auec ces verbes, æstimo i'estime, curo i'ay soin, & semblables se mettent au Genitif. Ie fais grand cas de vous. Prenez de bonne part.

Adiectiua quatuor prædicta, & sequentia, Plurimi & æqui, & parui, nihili, nauci flocci que bonique magni, infiniti, maioris. maximi & assis, & minimi, multi iuncta cum his verbis, æstimo curo, puto & similibus, ponuntur in Genitiuo. Plurimi te facio. Æqui bonique consule.

Ces trois verbes qui signifient, il importe, il touche, il appartient, regissent vn genit. Il importe a la Frãce, il importe grandement. Il appartient à vn Pere.

Hæc tria verba, interest, refert, est, regunt Genitiuum. Interest Franciæ: magni refert: est patris.

Toutesfois il faut dire *mea &c.* Il y va de mõ Interest, du tien, du nostre, du vostre. Et aussi Il m'appartient, il t'appartient, il nous appartient, il vous appartient.

Tamen ita dicendum Mea refert, tua refert, nostra vestra refert. Itemque meum est, tuum est, nostrum est, vestrum est.

A la question, *vbi* ou ? le nom de ville de la premiere ou seconde Declinaison & du singulier se met au Genitif auec ce nom, *domi*. I'estudie à Paris, il est à la maison.

Ad quæstionem, vbi nomen vrbis primæ vel secundæ Declinationis & singularis numeri ponitur in Genitiuo cum hoc nomine, domi. Studeo Lutetiæ, est domi.

Le nom de ville de la troisiesme Declinaison ou du Plurier se met au Datif ou Ablatif auec ce nom, *rus*. I'estudie a Paris, Il est aux champs.

Nomen vrbis tertiæ Declinationis vel pluralis numeri, in Datiuo vel Ablatiuo cum hoc nomine, rus: Studeo Parisijs, est ruri vel rure.

A la question, *quo* ou ? le nom de ville se met en l'Accusatif auec ces noms, *rus*, & *domus*. Tu enuoies vn hibout a Athene, * ie vay en la maison, ie vay au champs.

Ad quæstionem, quo? nomen vrbis ponitur in Accusatiuo, cum his nominbus, rus, domus. Noctuam Athenas (mittis) eo domum, eo rus.

* Ou il y en auoit abõdance, la monnoye en estant marquée. Tu iette de l'eau dans la mer.

A la question, *vnde* d'ou ? & *qua* par ou? le nom de ville se met en l'ablatif. Ie vay à Rome par Lion ou de Lion.

Ad quæstionem, vnde & qua nomen vrbis ponitur in Ablatiuo. Eo Romam Lugduno.

Ces verbes qui signifient, Ie cele, ie prie, i'enseigne, veulent deux Accus. Ie vous demande congé.

Celo, rogo, doceo, petunt duos Accusatiuos. Rogo *te veniam.*

Les verbes qui sont en ces exemples *me fugit &c.* veulent vn Accusat. Ils signifient, cela me passe & me trõpe, ie ne sçay pas cela: Cela aussi me sied bien & me contente & satisfait. Cela me regarde & me touche.

Verba in his exemplis apposita regunt Accusatiuum Me fugit & fallit, latet & me præterit; Idque me decet atque iuuat, delectat. At attinet ad me pertinet & spectat.

Quand on interroge combien de tẽps: il faut mettre vn Accus. ou Ablat. ou Accus. auec la preposition, *per*. I'ay estudié trois heures, ou, pendant trois heures.

Ad quæstionem, quandiu, respondetur in Accusatiuo vel Ablatiuo, vel Accusatiuo cum præpositione, per Studui tres horas, vel tribus horis vel per tres horas.

Les verbes passifs, & autres qui signifient, (estre distãt, receuoir,) gouuernent vn Acc. Qui touche la poix en sera sali Retirez vous, du feu. I'ay reçeu de mon compagnon

Verba passiua & alia significantia (distare accipere) regunt Ablatiuum cum præpositione, a, vel, ab Qui tetigerit picem inquinabitur ab ea. Recede ab igne. Accepi a socio.

La hantise des vitieux, corrompt les meurs.

Le nom de matiere de quoy est fait quelque chose, se met en l'Ablatif auec la proposition, *ex*. On ne fait pas la statue de Mercure de tout bois.

Nomen materiæ ex qua fit aliquid, ponitur in Ablatiuo cum præpositione, ex. Non ex omni ligno fit Mercurius.

Tout esprit n'est pas propre aux lettres.

FIN.